BRIAN GAGG

WORTSUCHRÄTSEL 4 in 1 SAMMELBAND

ANGELN, POKERN, FALLSCHIRMSPRINGEN und SKAT

Bibliografische Information der Deutschen Nationalbibliothek:
Die Deutsche Nationalbibliothek verzeichnet diese Publikation in der Deutschen Nationalbibliografie; detaillierte bibliografische
Daten sind im Internet über http://dnb.dnb.de abrufbar.

Herstellung und Verlag: BoD – Books on Demand, Norderstedt
ISBN: 9783755700876

Inhaltsangabe Seite

Einleitung

Auf den folgenden Seiten finden sich thematisch sortierte Wortsuchrätsel.
Um ein Wortsuchrätsel zu lösen, müssen alle jeweils aufgelisteten Worte in der darüber befindlichen Buchstabenmatrix gefunden werden. Ist ein Wort gefunden, sollte es mit einem Stift umkreist und das gefundene Wort aus der Liste gestrichen werden. Sind alle Worte aus der Liste gefunden, ist das Rätsel gelöst. Bei Schwierigkeiten ein Rätsel zu lösen, kann die Lösung jeweils auf der Rückseite nachgeschaut werden. Die zu findenden Worte sind jeweils als ganzes (d.h. immer nur in einer Richtung und ungebrochen) in der Matrix nach folgenden Regeln versteckt:

- Suchworte können sich überlagern, d.h. ein Buchstabenkästchen kann von mehreren Suchworten genutzt sein.
- Worte können vorwärts, rückwärts, horizontal, vertikal oder diagonal in der Matrix versteckt sein.
- Suchworte stehen für sich alleine und sind unter- oder nebeneinander aufgelistet.

V	K	Z	H	X	L	O	C	K	F	U	T	T	E	R	Q	Q	Y	C
V	D	A	P	Y	D	G	S	R	U	D	D	P	S	L	W	K	N	V
J	D	N	T	A	W	T	D	Y	H	J	I	E	C	T	J	B	Z	M
R	Z	D	R	E	N	G	O	R	U	E	A	H	H	A	L	M	V	M
Z	L	E	A	O	Z	B	Q	A	E	V	R	K	L	U	I	J	V	B
E	D	R	K	P	N	V	R	U	H	W	B	R	A	C	H	K	Q	E
F	A	B	T	Q	W	X	H	B	C	H	R	M	G	H	E	R	I	V
O	F	L	I	P	O	O	L	F	S	V	I	I	S	S	F	Y	K	D
O	M	E	O	I	Y	B	W	I	I	E	A	J	C	C	E	A	L	R
J	W	I	N	E	O	H	P	S	F	T	H	B	H	H	I	E	G	X
Y	M	L	Y	E	X	Y	V	C	N	T	O	K	N	A	T	H	S	M
F	B	N	W	J	F	L	V	H	I	A	D	N	U	U	R	C	V	P
E	D	E	A	D	H	P	C	A	E	M	U	M	R	F	E	N	Y	F
F	F	Z	T	T	G	A	B	N	L	K	F	R	L	E	S	L	N	X
G	A	S	H	T	O	T	W	G	K	A	O	Y	S	L	S	G	X	W
V	U	M	O	G	U	E	K	L	C	H	E	H	K	J	A	J	E	S
N	J	I	S	X	M	O	R	E	W	B	Z	Q	Q	O	W	V	H	K
I	Y	C	E	C	I	O	G	R	S	A	B	P	H	J	P	O	O	E
D	M	B	J	W	G	Q	Z	C	J	N	X	E	D	U	T	W	S	S
V	S	V	J	U	C	A	I	Q	Q	M	I	S	I	S	C	V	K	C
C	R	K	Z	Q	G	I	I	C	O	V	H	G	P	H	Y	R	V	H
X	L	D	T	G	X	H	A	Y	F	B	E	O	U	X	N	D	J	E
W	A	E	I	V	J	G	U	I	Z	I	T	L	N	L	V	A	Z	R
F	D	S	N	Z	Q	S	B	O	B	B	I	N	N	O	F	L	X	Q

1

WASSERTIEFE	HOTSPOT	WATHOSE
KESCHER	KLEINFISCHE	HAIRBRAID
RAUBFISCHANGLER	FLUGINSEKT	POOL
SCHLAGSCHNUR	ABHAKMATTE	LOCKFUTTER
AKTION	TAUCHSCHAUFEL	ANHIEB
BOBBIN	ROGNER	ZANDERBLEI

Lösung

V K Z H X L O C K F U T T E R Q Q Y C
V D A P Y D G S R U D D P S L W K N V
J D N T A W T D Y H J I E C T J B Z M
R Z D R E N G O R U E A H H A L M V M
Z L E A O Z B Q A E V R K L U I J V B
E D R K P N V R U H W B R A C H K Q E
F A B T Q W X H B C H R M G H E R I V
O F L I P O O L F S V I I S S F Y K D
O M E O I Y B W I I E A J C C E A L R
J W I N E O H P S F T H B H H I E G X
Y M L Y E X Y V C N T O K N A T H S M
F B N W J F L V H I A D N U U R C V P
E D E A D H P C A E M U M R F E N Y F
F F Z T T G A B N L K F R L E S L N X
G A S H T O T W G K A O Y S L S G X W
V U M O G U E K L C H E H K J A J E S
N J I S X M O R E W B Z Q Q O W V H K
I Y C E C I O G R S A B P H J P O O E
D M B J W G Q Z C J N X E D U T W S S
V S V J U C A I Q Q M I S I S C V K C
C R K Z Q G I I C O V H G P H Y R V H
X L D T G X H A Y F B E O U X N D J E
W A E I V J G U I Z I T L N L V A Z R
F D S N Z Q S B O B B I N N O F L X Q

Z	K	F	J	J	N	T	S	V	C	O	Z	Z	N	S	F	X	T	E
F	R	E	T	C	V	E	S	P	Q	Y	B	Q	J	V	N	M	A	D
B	A	E	P	P	P	W	U	R	F	G	E	W	I	C	H	T	B	I
W	S	L	G	U	N	I	F	U	Z	S	D	B	D	H	O	S	H	M
A	I	Z	L	N	A	G	I	R	E	C	N	E	D	I	F	N	O	C
S	C	Z	T	B	I	R	N	N	U	M	U	L	T	J	J	O	R	O
S	S	A	R	U	I	R	L	P	U	W	U	E	L	X	G	U	E	N
E	Y	G	M	T	A	S	P	A	R	X	L	Q	H	Q	B	E	F	E
R	B	A	S	B	O	M	S	S	A	D	Z	L	K	D	J	X	P	H
K	E	X	K	L	Z	L	E	O	H	R	E	L	O	R	I	T	E	C
U	W	F	A	E	A	D	D	P	F	V	N	Y	V	R	F	W	U	S
G	V	B	I	D	P	O	B	W	D	U	Q	R	C	P	K	D	L	I
E	Y	X	D	A	J	E	Q	U	I	V	E	R	T	I	P	T	H	F
L	F	V	C	G	Q	V	C	V	O	B	Y	P	O	N	O	R	C	S
R	E	S	A	F	E	L	H	O	K	O	B	Y	K	W	F	O	S	I
S	F	R	E	I	L	A	U	F	R	O	L	L	E	L	Z	T	S	E
Y	L	D	T	H	C	I	L	K	C	I	N	K	E	E	D	T	U	F
Z	L	H	Z	W	C	F	I	W	W	Q	B	E	S	N	A	I	A	R
A	J	E	U	G	A	H	O	R	Q	S	X	L	O	O	Z	N	N	E
Q	I	X	A	L	L	E	Q	D	T	H	E	M	P	Z	X	G	Y	Y
Q	Y	C	B	K	K	R	E	I	Z	I	G	C	F	R	M	M	N	P
U	B	U	A	A	V	G	E	N	M	I	Q	K	U	E	H	Z	Q	R
X	Y	Z	H	J	V	E	R	F	B	H	W	F	A	F	K	T	D	U
S	C	H	O	N	H	A	K	E	N	G	U	K	L	U	A	V	I	U

SCHONHAKEN	FREILAUFROLLE	TIROLERHOELZL
WURFGEWICHT	SPRINGER	LAUFPOSE
UFERZONE	AUSSCHLUEPFER	FALLBISS
QUIVERTIP	EISFISCHEN	CONFIDENCERIG
ROLLWURF	KOHLEFASER	AALRAUPE
TROTTING	WASSERKUGEL	KNICKLICHT

Lösung

Z K F J J N T S V C O Z Z N S F X T E
F R E T C V E S P Q Y B Q J V N M A D
B A E P P P W U R F G E W I C H T B I
W S L G U N I F U Z S D B D H O S H M
A I Z L N A G I R E C N E D I F N O C
S C Z T B I R N N U M U L T J J O R O
S S A R U I R L P U W U E L X G U E N
E Y G M T A S P A R X L Q H Q B E F E
R B A S B O M S S A D Z L K D J X P H
K E X K L Z L E O H R E L O R I T E C
U W F A E A D D P F V N Y V R F W U S
G V B I D P O B W D U Q R C P K D L I
E Y X D A J E Q U I V E R T I P T H F
L F V C G Q V C V O B Y P O N O R C S
R E S A F E L H O K O B Y K W F O S I
S F R E I L A U F R O L L E L Z T S E
Y L D T H C I L K C I N K E E D T U F
Z L H Z W C F I W W Q B E S N A I A R
A J E U G A H O R Q S X L O O Z N N E
Q I X A L L E Q D T H E M P Z X G Y Y
Q Y C B K K R E I Z I G C F R M M N P
U B U A A V G E N M I Q K U E H Z Q R
X Y Z H J V E R F B H W F A F K T D U
S C H O N H A K E N G U K L U A V I U

L	H	U	B	C	X	A	S	M	D	R	K	M	C	N	Y	R	X	O
O	G	X	S	P	X	D	Z	V	N	H	I	L	T	X	R	E	Z	J
J	D	K	B	A	I	T	D	R	O	P	P	E	R	S	R	D	C	U
N	S	H	G	K	F	C	I	N	Z	O	G	C	L	H	Z	E	O	F
A	U	S	T	A	R	I	E	R	E	N	A	M	F	X	L	O	R	L
R	Z	G	H	V	Z	V	G	V	I	Z	N	M	U	B	S	K	W	I
E	O	K	E	N	X	U	I	L	K	G	Y	H	D	B	C	Z	S	E
K	O	I	P	J	D	I	H	K	B	C	H	B	Y	T	H	T	L	G
N	P	E	I	M	L	O	L	U	J	Y	G	Z	B	A	N	A	E	E
I	L	M	L	O	R	U	D	C	A	C	S	Q	E	F	U	S	P	N
L	A	E	E	R	P	C	O	C	K	T	A	I	L	B	R	U	H	F
B	N	N	P	M	X	R	A	S	N	Q	R	P	A	A	B	Z	Y	I
T	K	G	I	Y	Z	W	E	H	D	O	Z	H	F	C	I	L	T	S
W	T	R	S	S	I	S	E	K	T	H	A	V	V	K	S	L	O	C
N	O	I	C	C	D	N	O	E	C	A	A	R	Y	L	S	E	P	H
K	N	F	N	H	S	S	I	X	R	I	D	F	U	E	A	R	L	E
E	J	F	U	K	E	B	V	M	P	U	P	J	M	A	Z	M	A	N
V	G	E	G	A	I	H	O	P	W	B	L	I	R	D	M	A	N	A
L	D	H	U	Y	Y	N	B	S	Q	M	P	V	T	E	X	L	K	A
A	R	N	O	M	T	J	R	K	D	R	F	E	N	L	Z	G	T	R
R	F	J	X	A	O	L	A	Q	H	S	Q	D	W	B	U	V	O	S
S	V	K	G	M	P	R	Q	Y	L	P	E	P	B	S	R	M	N	J
W	T	E	A	M	O	T	A	J	H	N	W	U	H	H	R	G	R	P
I	F	P	Y	M	L	S	N	B	M	R	F	H	C	P	I	A	I	G

ZUSATZKOEDER	BACKLEAD	ZOOPLANKTON
EPILEPIS	KIEMENGRIFF	PHYTOPLANKTON
MORMYSCHKA	FLIEGENFISCHEN	HAARMONTAGE
ROHLING	MENDEN	KEVLAR
COCKTAIL	AUSTARIEREN	SCHNURBISS
BAITDROPPER	MULTIPICKER	BLINKER

Lösung

L	H	U	B	C	X	A	S	M	D	R	K	M	C	N	Y	R	X	O
O	G	X	S	P	X	D	Z	V	N	H	I	L	T	X	R	E	Z	J
J	D	K	B	A	I	T	D	R	O	P	P	E	R	S	R	D	C	U
N	S	H	G	K	F	C	I	N	Z	O	G	C	L	H	Z	E	O	F
A	U	S	T	A	R	I	E	R	E	N	A	M	F	X	L	O	R	L
R	Z	G	H	V	Z	V	G	V	I	Z	N	M	U	B	S	K	W	I
E	O	K	E	N	X	U	I	L	K	G	Y	H	D	B	C	Z	S	E
K	O	I	P	J	D	I	H	K	B	C	H	B	Y	T	H	T	L	G
N	P	E	I	M	L	O	L	U	J	Y	G	Z	B	A	N	A	E	E
I	L	M	L	O	R	U	D	C	A	C	S	Q	E	F	U	S	P	N
L	A	E	E	R	P	C	O	C	K	T	A	I	L	B	R	U	H	F
B	N	N	P	M	X	R	A	S	N	Q	R	P	A	A	B	Z	Y	I
T	K	G	I	Y	Z	W	E	H	D	O	Z	H	F	C	I	L	T	S
W	T	R	S	S	I	S	E	K	T	H	A	V	V	K	S	L	O	C
N	O	I	C	C	D	N	O	E	C	A	A	R	Y	L	S	E	P	H
K	N	F	N	H	S	S	I	X	R	I	D	F	U	E	A	R	L	E
E	J	F	U	K	E	B	V	M	P	U	P	J	M	A	Z	M	A	N
V	G	E	G	A	I	H	O	P	W	B	L	I	R	D	M	A	N	A
L	D	H	U	Y	Y	N	B	S	Q	M	P	V	T	E	X	L	K	A
A	R	N	O	M	T	J	R	K	D	R	F	E	N	L	Z	G	T	R
R	F	J	X	A	O	L	A	Q	H	S	Q	D	W	B	U	V	O	S
S	V	K	G	M	P	R	Q	Y	L	P	E	P	B	S	R	M	N	J
W	T	E	A	M	O	T	A	J	H	N	W	U	H	H	R	G	R	P
I	F	P	Y	M	L	S	N	B	M	R	F	H	C	P	I	A	I	G

R	K	E	H	R	W	A	S	S	E	R	P	Q	X	O	Y	Q	L	L
A	G	V	B	A	Q	L	F	W	S	L	R	Q	H	T	W	Z	H	E
F	Q	W	A	M	A	M	A	Q	U	Q	R	S	T	T	V	Y	U	D
X	N	O	D	D	S	X	M	G	S	C	E	K	P	T	S	P	N	G
Z	J	J	V	O	Q	J	R	B	W	H	L	N	W	W	Z	M	D	E
O	K	H	C	I	U	O	T	P	Q	I	D	I	I	A	L	T	S	R
N	N	Y	T	A	U	B	P	W	D	N	D	L	L	G	P	J	Z	I
E	S	O	P	T	I	E	L	G	I	E	U	Y	J	G	E	R	A	N
H	F	F	R	U	W	R	E	E	L	S	M	S	Y	L	W	M	E	G
A	Q	L	A	E	H	S	Z	T	T	J	T	A	Y	E	E	Z	H	I
O	S	T	Q	X	J	P	Y	U	U	A	C	E	R	R	I	D	N	W
C	W	A	L	L	E	R	H	O	L	Z	P	B	R	V	G	W	E	G
P	C	O	W	R	L	D	Z	C	L	Q	O	E	M	N	H	W	N	V
O	A	L	G	X	L	H	G	H	E	O	X	G	R	H	S	N	M	T
W	T	F	H	C	O	G	F	J	T	C	M	H	W	M	L	F	H	W
R	D	B	F	C	R	F	T	R	E	V	A	H	I	I	I	F	N	B
W	W	U	J	O	L	W	C	I	E	R	A	W	H	A	N	Q	A	U
K	O	S	N	E	E	U	G	E	H	E	I	R	F	B	G	S	M	F
S	L	T	U	R	S	Z	A	Y	N	D	L	Z	I	B	I	E	M	M
T	M	D	O	H	P	Q	L	A	B	E	T	I	Z	J	H	U	I	A
A	L	B	M	L	A	N	K	O	Y	E	R	G	N	N	Z	J	Q	V
L	X	D	O	T	K	N	N	A	E	F	Q	Y	E	I	X	F	G	W
F	G	C	B	J	Q	Y	T	N	U	G	N	R	A	S	N	F	Z	T
L	U	J	O	B	U	A	H	U	M	R	P	L	H	Q	P	G	Q	B

WAGGLER
WALLERHOLZ
KEHRWASSER
FREELINING
HUNDSZAEHNE
SUBFLOAT

PLUG
DOUBLETAPER
TWISTERN
WEIGHSLING
GLEITPOSE
MUDDLER

LEDGERING
FEEDER
KAPSELROLLE
EASYLINKS
BOOT
LEERWURF

Lösung

R K E H R W A S S E R P Q X O Y Q L L

A G V B A Q L F W S L R Q H T W Z H E

F Q W A M A M A Q U Q R S T T V Y U D

X N O D D S X M G S C E K P T S P N G

Z J J V O Q J R B W H L N W W Z M D E

O K H C I U O T P Q I D I I A L T S R

N N Y T A U B P W D N D L L G P J Z I

E S O P T I E L G I E U Y J G E R A N

H F F R U W R E E L S M S Y L W M E G

A Q L A E H S Z T T J T A Y E E Z H I

O S T Q X J P Y U U A C E R R I D N W

C W A L L E R H O L Z P B R V G W E G

P C O W R L D Z C L Q O E M N H W N V

O A L G X L H G H E O X G R H S N M T

W T F H C O G F J T C M H W M L F H W

R D B F C R E T R E V A H I I I F N B

W W U J O L W C I E R A W H A N Q A U

K O S N E E U G E H E I R F B G S M F

S L T U R S Z A Y N D L Z I B I E M M

T M D O H P Q L A B E T I Z J H U I A

A L B M L A N K O Y E R G N N Z J Q V

L X D O T K N N A E F Q Y E I X F G W

F G C B J Q Y T N U G N R A S N F Z T

L U J O B U A H U M R P L H Q P G Q B

H	D	J	M	A	R	U	V	Y	E	T	O	A	H	W	Q	K	K	A
N	K	J	X	X	D	U	W	Y	Z	M	C	M	C	Q	B	M	R	Z
F	M	R	A	L	A	E	T	I	B	N	D	X	D	P	O	D	O	Z
V	E	Q	E	F	I	S	C	H	M	A	U	L	X	J	N	L	S	W
G	S	E	L	L	O	R	I	T	L	U	M	I	M	I	F	J	K	J
K	M	S	Z	Z	D	V	T	J	D	L	S	Y	P	T	A	N	A	R
Q	E	G	Y	N	B	C	H	N	X	D	L	A	L	M	X	M	I	A
O	R	D	A	E	B	W	O	L	G	W	S	J	P	Z	I	H	F	U
J	B	A	B	T	I	A	B	R	E	N	N	I	P	S	G	U	T	H
Q	E	Q	W	E	V	R	U	K	T	S	E	T	O	Y	T	X	O	B
L	B	N	J	S	T	A	L	K	I	N	G	N	N	T	X	Y	N	F
I	E	X	J	Z	G	K	K	Y	B	V	H	J	E	F	L	S	H	H
F	I	I	D	L	I	M	M	Y	K	A	F	R	M	C	N	W	P	L
I	H	E	S	T	R	D	B	O	K	V	K	R	J	Y	K	M	O	E
T	C	F	L	S	T	V	D	E	V	O	G	Z	R	V	V	T	R	B
L	S	N	T	K	L	H	N	O	R	O	C	M	J	Q	N	N	Z	R
U	O	X	A	I	O	R	R	B	E	T	U	R	F	P	O	K	T	J
M	D	L	A	K	B	F	H	Y	G	K	Z	E	O	Y	G	I	T	D
R	F	H	K	X	A	Q	T	Z	Q	T	Q	P	I	J	W	U	T	N
Q	V	Y	G	C	Q	B	E	Q	Y	F	P	D	R	Y	F	L	Y	U
I	P	K	H	A	E	E	X	W	V	E	T	C	V	G	D	P	A	G
J	E	Y	W	W	D	S	S	E	R	R	W	C	L	S	S	P	U	S
R	I	K	J	E	T	U	R	H	A	K	S	J	T	O	C	T	S	W
Y	I	K	Y	Y	V	V	I	B	S	Z	U	P	W	E	J	I	T	Q

5

BOLTRIG	TESTKURVE	BIVVY
RUTE	VORFACH	SPINNERBAIT
BITEALARM	DRYFLY	MULTIFIL
KOPFRUTE	STALKING	FISCHMAUL
SCHIEBEBREMSE	GLOWBEAD	MULTIROLLE
POPPER	FUTTERKORB	JAMISONHAKEN

Lösung

H	D	J	M	A	R	U	V	Y	E	T	O	A	H	W	Q	K	K	A
N	K	J	X	X	D	U	W	Y	Z	M	C	M	C	Q	B	M	R	Z
F	M	R	A	L	A	E	T	I	B	N	D	X	D	P	O	D	O	Z
V	E	Q	E	F	I	S	C	H	M	A	U	L	X	J	N	L	S	W
G	S	E	L	L	O	R	I	T	L	U	M	I	M	I	F	J	K	J
K	M	S	Z	Z	D	V	T	J	D	L	S	Y	P	T	A	N	A	R
Q	E	G	Y	N	B	C	H	N	X	D	L	A	L	M	X	M	I	A
O	R	D	A	E	B	W	O	L	G	W	S	J	P	Z	I	H	F	U
J	B	A	B	T	I	A	B	R	E	N	N	I	P	S	G	U	T	H
Q	E	Q	W	E	V	R	U	K	T	S	E	T	O	Y	T	X	O	B
L	B	N	J	S	T	A	L	K	I	N	G	N	N	T	X	Y	N	F
I	E	X	J	Z	G	K	K	Y	B	V	H	J	E	F	L	S	H	H
F	I	I	D	L	I	M	M	Y	K	A	F	R	M	C	N	W	P	L
I	H	E	S	T	R	D	B	O	K	V	K	R	J	Y	K	M	O	E
T	C	F	L	S	T	V	D	E	V	O	G	Z	R	V	V	T	R	B
L	S	N	T	K	L	H	N	O	R	O	C	M	J	Q	N	N	Z	R
U	O	X	A	I	O	R	R	B	E	T	U	R	F	P	O	K	T	J
M	D	L	A	K	B	F	H	Y	G	K	Z	E	O	Y	G	I	T	D
R	F	H	K	X	A	Q	T	Z	Q	T	Q	P	I	J	W	U	T	N
Q	V	Y	G	C	Q	B	E	Q	Y	F	P	D	R	Y	F	L	Y	U
I	P	K	H	A	E	E	X	W	V	E	T	C	V	G	D	P	A	G
J	E	Y	W	W	D	S	S	E	R	R	W	C	L	S	S	P	U	S
R	I	K	J	E	T	U	R	H	A	K	S	J	T	O	C	T	S	W
Y	I	K	Y	Y	V	V	I	B	S	Z	U	P	W	E	J	I	T	Q

L	W	N	B	J	O	C	N	R	X	L	A	I	C	H	Z	E	I	T
C	E	A	O	O	S	S	T	J	J	P	W	T	W	P	O	J	K	N
D	A	B	M	B	M	G	H	B	G	E	R	I	J	O	T	Q	N	H
O	G	S	R	G	L	B	G	A	Y	C	E	A	H	J	G	K	V	Q
T	U	F	T	I	G	G	A	E	D	V	Z	C	B	J	Y	W	L	L
G	M	B	R	E	W	N	O	R	N	N	Q	P	R	S	B	P	D	I
I	M	Z	E	I	R	E	U	B	D	O	I	G	B	J	B	T	B	M
Y	I	D	Y	B	W	X	G	D	U	A	M	L	F	N	U	F	L	H
A	F	S	K	A	X	H	G	E	N	Z	H	L	X	I	C	B	E	R
T	I	K	E	C	K	K	R	X	W	I	Z	W	A	V	A	U	I	E
H	S	C	U	N	Q	P	O	W	L	I	B	E	P	S	T	J	K	N
M	C	N	M	G	H	F	U	J	R	I	E	L	R	U	C	Y	O	N
A	H	G	B	M	S	O	N	H	H	V	X	R	B	Q	H	G	P	I
C	N	N	Z	P	H	C	D	L	Z	J	B	R	D	C	A	L	F	P
B	J	G	R	W	N	Y	B	R	G	M	Z	W	F	R	N	E	U	S
D	G	O	E	I	Z	T	A	L	P	L	E	G	N	A	D	I	Z	N
K	A	V	Z	L	Y	K	I	D	N	W	U	F	N	Y	R	T	N	O
Y	V	H	N	M	S	D	T	A	X	Y	V	J	S	M	E	U	Y	V
O	Y	E	S	T	J	C	P	E	F	B	L	L	V	L	L	F	L	E
U	Y	R	N	V	Z	H	H	V	R	V	C	D	F	R	E	E	R	D
R	H	S	Y	F	M	Z	C	N	G	P	V	Y	S	M	A	R	L	Q
X	U	Y	R	T	H	T	P	O	U	T	R	B	N	V	S	F	P	N
H	E	L	I	C	O	P	T	E	R	R	I	N	G	Q	E	V	M	Y
B	O	L	O	G	N	E	S	E	R	U	T	E	Q	F	T	C	V	T

6

SALMONEGGS
BLEIKOPF
CASTER
GLEITUFER
GROUNDBAIT
BINDUNG
DREIWEGEWIRBEL
DEVONSPINNER
CATCHANDRELEASE
ANGELPLATZ
BOLOGNESERUTE
SHAD
GUMMIFISCH
BUZZER
HELICOPTERRING
BOMBARDA
LAICHZEIT
ANGELSCHNUR

Lösung

L W N B J O C N R X L A I C H Z E I T
C E A O O S S T J J P W T W P O J K N
D A B M B M G H B G E R I J O T Q N H
O G S R G L B G A Y C E A H J G K V Q
T U F T I G G A E D V Z C B J Y W L L
G M B R E W N O R N N Q P R S B P D I
I M Z E I R E U B D O I G B J B T B M
Y I D Y B W X G D U A M L F N U F L H
A F S K A X H G E N Z H L X I C B E R
T I K E C K K R X W I Z W A V A U I E
H S C U N Q P O W L I B E P S T J K N
M C N M G H F U J R I E L R U C Y O N
A H G B M S O N H H V X R B Q H G P I
C N N Z P H C D L Z J B R D C A L F P
B J G R W N Y B R G M Z W F R N E U S
D G O E I Z T A L P L E G N A D I Z N
K A V Z L Y K I D N W U F N Y R T N O
Y V H N M S D T A X Y V J S M E U Y V
O Y E S T J C P E F B L L V L L F L E
U Y R N V Z H H V R V C D F R E E R D
R H S Y F M Z C N G P V Y S M A R L Q
X U Y R T H T P O U T R B N V S F P N
H E L I C O P T E R R I N G Q E V M Y
B O L O G N E S E R U T E Q F T C V T

F D S N Z Q S B O B B I N N O F L X Q

K	G	O	O	D	M	X	F	L	W	D	V	W	T	G	J	P	G	P
L	H	W	O	R	W	L	L	O	X	U	A	G	F	X	E	T	X	C
E	N	L	O	T	X	L	X	G	B	O	B	R	E	M	S	E	Q	E
V	H	K	K	H	Y	O	B	M	P	E	L	A	G	I	S	C	H	R
B	C	A	E	N	I	P	M	E	F	L	D	T	Y	J	A	U	L	R
A	S	T	D	R	A	U	S	C	H	E	X	I	R	G	K	X	S	E
I	I	A	R	E	T	L	A	H	E	I	L	I	O	B	Y	O	C	P
T	F	D	I	Z	D	E	S	M	P	Q	U	M	K	D	S	H	H	S
C	K	R	Q	F	L	D	E	L	V	R	P	A	I	N	I	Y	R	N
A	U	O	Q	J	Q	L	R	B	O	R	C	T	D	D	Y	S	O	E
S	T	M	J	T	N	F	E	O	G	L	Z	C	M	W	J	K	T	H
T	Y	D	L	B	D	H	R	S	D	X	Q	H	A	D	G	U	B	C
Y	Y	O	R	I	L	E	E	E	M	C	N	R	L	W	X	M	L	A
G	I	Q	E	Q	F	L	Y	R	D	A	W	U	M	H	G	U	E	R
N	T	W	G	D	D	O	T	F	O	L	V	T	V	O	L	S	I	N
U	I	T	R	C	E	W	N	Y	E	E	Z	E	U	A	O	C	Y	N
T	A	J	E	T	X	T	W	O	R	A	B	O	S	J	H	B	Y	Z
T	L	J	M	J	G	D	Z	B	M	O	V	A	X	E	B	P	W	M
U	V	F	E	H	J	F	S	D	R	I	L	L	I	N	G	I	W	M
B	S	U	E	S	S	W	A	S	S	E	R	M	E	E	R	P	V	D
R	L	G	M	X	K	E	G	A	A	O	B	A	C	K	I	N	G	M
E	T	E	L	E	S	K	O	P	R	U	T	E	F	C	R	D	J	W
V	Z	R	I	P	Q	B	C	L	Z	G	O	F	O	V	V	R	X	H
P	A	A	D	A	R	J	O	M	A	Q	K	Y	S	S	J	Z	X	Z

7

DRILLING
BOOM
BOILIEHALTER
BACKING
BAITCAST
EMERGER
RACHENSPERRE
KATADROM
MONOFIL
RAUSCHE
SUESSWASSERMEER
BREMSE
FISCH
TELESKOPRUTE
SCHROTBLEI
VERBUTTUNG
MATCHRUTE
PELAGISCH

Lösung

K	G	O	O	D	M	X	F	L	W	D	V	W	T	G	J	P	G	P
L	H	W	O	R	W	L	L	O	X	U	A	G	F	X	E	T	X	C
E	N	L	O	T	X	L	X	G	B	O	B	R	E	M	S	E	Q	E
V	H	K	K	H	Y	O	B	M	P	E	L	A	G	I	S	C	H	R
B	C	A	E	N	I	P	M	E	F	L	D	T	Y	J	A	U	L	R
A	S	T	D	R	A	U	S	C	H	E	X	I	R	G	K	X	S	E
I	I	A	R	E	T	L	A	H	E	I	L	I	O	B	Y	O	C	P
T	F	D	I	Z	D	E	S	M	P	Q	U	M	K	D	S	H	H	S
C	K	R	Q	F	L	D	E	L	V	R	P	A	I	N	I	Y	R	N
A	U	O	Q	J	Q	L	R	B	O	R	C	T	D	D	Y	S	O	E
S	T	M	J	T	N	F	E	O	G	L	Z	C	M	W	J	K	T	H
T	Y	D	L	B	D	H	R	S	D	X	Q	H	A	D	G	U	B	C
Y	Y	O	R	I	L	E	E	E	M	C	N	R	L	W	X	M	L	A
G	I	Q	E	Q	F	L	Y	R	D	A	W	U	M	H	G	U	E	R
N	T	W	G	D	D	O	T	F	O	L	V	T	V	O	L	S	I	N
U	I	T	R	C	E	W	N	Y	E	E	Z	E	U	A	O	C	Y	N
T	A	J	E	T	X	T	W	O	R	A	B	O	S	J	H	B	Y	Z
T	L	J	M	J	G	D	Z	B	M	O	V	A	X	E	B	P	W	M
U	V	F	E	H	J	F	S	D	R	I	L	L	I	N	G	I	W	M
B	S	U	E	S	S	W	A	S	S	E	R	M	E	E	R	P	V	D
R	L	G	M	X	K	E	G	A	A	O	B	A	C	K	I	N	G	M
E	T	E	L	E	S	K	O	P	R	U	T	E	F	C	R	D	J	W
V	Z	R	I	P	Q	B	C	L	Z	G	O	F	O	V	V	R	X	H
P	A	A	D	A	R	J	O	M	A	Q	K	Y	S	S	J	Z	X	Z

```
I P O S E N A D A P T E R L T L X N Z
F N Q B H T W W O W X Z A O E K E N V
N D L T P P J O K Y L R A H E T M B V
M O C I U O E C M M E N C L C P O M Q
B B E I N W C D A T U E E I D Y D H P
Y G U V N E G L T S H N Y O L W P Q I
Y R K T X R R U O K T X D F Z T R N S
B M T F C B F U J T L I T S C G A U V
T U A E R A W K T Q B E N S C U C C V
H U K J G I A B I E W L L G H H I X L
U R O S Q T Y V B M J Z E L B U N C V
M B U R G Q T E F J S N M I J O H U Z
F W Y T T N U J X E T N Z E W R O G R
Q O K F E N U H L B O D F R G E H M W
E K N H B N W Z D T P P T J S I C G Q
G K I L P T S O G H P P U L I S J J X
F P P C J P V T R H E Q F U W J H M Y
I N G N Z D T E A B R Z T S I R Y F V
N F H H C I A L T E K Y U Z Q B H Y J
Q B A T I Y P P I I N T L W Y L C M P
X A D D T H U B K N O D B U W Y A J Y
K B B A V I E Q A Q T B E N T R E G T
D X N G N I B B U D E A D R Q K F K Q
C O H H M L D N B M N R E C N A H N E
```

INLINERUTE FUTTERAL POSENADAPTER
RUTENSTAENDER CASTINGBOOM DUBBING
STOPPERKNOTEN POWERBAIT CARPDOME
WETFLY ENHANCER BROWNTROUT
HECHEL JIG LAICH
LOTBLEI MUNDSCHNUR PINKY

Lösung

I	P	O	S	E	N	A	D	A	P	T	E	R	L	T	L	X	N	Z
F	N	Q	B	H	T	W	W	O	W	X	Z	A	O	E	K	E	N	V
N	D	L	T	P	P	J	O	K	Y	L	R	A	H	E	T	M	B	V
M	O	C	I	U	O	E	C	M	M	E	N	C	L	C	P	O	M	Q
B	B	E	I	N	W	C	D	A	T	U	E	E	I	D	Y	D	H	P
Y	G	U	V	N	E	G	L	T	S	H	N	Y	O	L	W	P	Q	I
Y	R	K	T	X	R	R	U	O	K	T	X	D	F	Z	T	R	N	S
B	M	T	F	C	B	F	U	J	T	L	I	T	S	C	G	A	U	V
T	U	A	E	R	A	W	K	T	Q	B	E	N	S	C	U	C	C	V
H	U	K	J	G	I	A	B	I	E	W	L	L	G	H	H	I	X	L
U	R	O	S	Q	T	Y	V	B	M	J	Z	E	L	B	U	N	C	V
M	B	U	R	G	Q	T	E	F	J	S	N	M	I	J	O	H	U	Z
F	W	Y	T	T	N	U	J	X	E	T	N	Z	E	W	R	O	G	R
Q	O	K	F	E	N	U	H	L	B	O	D	F	R	G	E	H	M	W
E	K	N	H	B	N	W	Z	D	T	P	P	T	J	S	I	C	G	Q
G	K	I	L	P	T	S	O	G	H	P	P	U	L	I	S	J	J	X
F	P	P	C	J	P	V	T	R	H	E	Q	F	U	W	J	H	M	Y
I	N	G	N	Z	D	T	E	A	B	R	Z	T	S	I	R	Y	F	V
N	F	H	H	C	I	A	L	T	E	K	Y	U	Z	Q	B	H	Y	J
Q	B	A	T	I	Y	P	P	I	I	N	T	L	W	Y	L	C	M	P
X	A	D	D	T	H	U	B	K	N	O	D	B	U	W	Y	A	J	Y
K	B	B	A	V	I	E	Q	A	Q	T	B	E	N	T	R	E	G	T
D	X	N	G	N	I	B	B	U	D	E	A	D	R	Q	K	F	K	Q
C	O	H	H	M	L	D	N	B	M	N	R	E	C	N	A	H	N	E

M	F	F	B	A	U	X	Z	S	V	Q	E	E	C	H	S	W	B	F
R	E	G	I	E	Z	N	A	S	S	I	B	A	S	N	H	I	H	G
C	S	Q	G	T	I	I	J	J	H	J	M	P	P	E	Z	R	B	V
U	D	D	X	M	R	F	C	F	T	E	K	A	O	D	V	E	M	Y
T	O	R	X	N	T	U	J	U	F	G	U	Z	M	K	L	T	N	P
C	R	N	E	B	W	H	G	X	F	A	P	H	I	V	J	A	A	H
E	K	Y	G	I	Q	C	E	I	K	T	I	A	L	D	W	O	L	D
V	Y	M	L	S	B	Y	S	O	X	N	A	U	C	Z	A	L	Q	G
X	V	P	H	F	A	E	E	D	H	O	M	P	H	O	J	F	B	O
P	O	H	N	E	H	D	I	C	F	M	S	T	N	V	K	S	E	H
H	X	E	Z	K	E	O	N	N	N	I	T	S	E	S	D	H	P	R
K	K	B	E	R	R	C	G	Z	E	E	E	C	R	P	R	B	V	Z
Z	V	X	T	K	K	P	E	I	S	L	L	H	A	O	E	U	R	P
O	K	H	S	R	R	Q	X	T	E	B	L	N	H	T	S	T	B	G
N	T	H	P	I	D	A	Q	T	O	T	E	U	R	S	S	T	M	X
K	I	V	I	E	H	I	M	E	L	S	P	R	K	R	E	Q	G	B
E	Z	E	D	V	Q	E	M	R	N	E	S	K	N	I	A	O	G	E
R	D	E	J	P	J	J	G	S	E	F	A	D	A	A	W	X	Z	M
C	Y	P	J	X	V	B	E	P	K	N	K	S	R	H	E	P	Z	X
P	Y	L	D	E	N	W	C	I	A	L	N	T	R	J	G	P	X	E
D	Q	F	G	O	F	U	H	T	H	Q	Y	I	E	E	T	Q	R	M
G	C	I	X	M	D	J	P	Z	V	D	H	B	P	A	L	P	S	P
H	G	C	R	F	Q	R	Q	E	V	F	Z	Y	D	S	A	R	E	U
T	U	T	T	Z	Y	N	J	E	T	L	W	J	Z	Z	N	X	Y	Z

SPINNERMARKE
BISSANZEIGER
HAUPTSCHNUR
DIP
MILCHNER
FLOATER
DREIBEIN
BUTT
KNARRE
HAKENLOESEN
NYMPHE
ZITTERSPITZE
FESTBLEIMONTAGE
HAIRSTOPS
ZONKER
ALTGEWAESSER
PELLETS
KOEDER

Lösung

M F F B A U X Z S V Q E E C H S W B F
R E G I E Z N A S S I B A S N H I H G
C S Q G T I I J J H J M P P E Z R B V
U D D X M R F C F T E K A O D V E M Y
T O R X N T U J U F G U Z M K L T N P
C R N E B W H G X F A P H I V J A A H
E K Y G I Q C E I K T I A L D W O L D
V Y M L S B Y S O X N A U C Z A L Q G
X V P H F A E E D H O M P H O J F B O
P O H N E H D I C F M S T N V K S E H
H X E Z K E O N N N I T S E S D H P R
K K B E R R C G Z E E E C R P R B V Z
Z V X T K K P E I S L L H A O E U R P
O K H S R R Q X T E B L N H T S T B G
N T H P I D A Q T O T E U R S S T M X
K I V I E H I M E L S P R K R E Q G B
E Z E D V Q E M R N E S K N I A O G E
R D E J P J J G S E F A D A A W X Z M
C Y P J X V B E P K N K S R H E P Z X
P Y L D E N W C I A L N T R J G P X E
D Q F G O F U H T H Q Y I E E T Q R M
G C I X M D J P Z V D H B P A L P S P
H G C R F Q R Q E V F Z Y D S A R E U
T U T T Z Y N J E T L W J Z Z N X Y Z

R	E	D	N	I	B	R	E	V	H	C	A	F	R	O	V	X	N	R
K	D	G	A	E	P	T	Q	R	E	M	M	I	W	H	C	S	P	Q
R	K	O	O	E	I	W	V	C	H	X	K	O	Y	M	E	F	M	G
F	F	R	Z	F	B	T	N	D	N	A	N	S	L	Y	C	Y	P	N
T	I	P	G	P	P	J	S	E	V	G	N	J	P	X	R	N	B	B
R	G	R	S	C	B	V	R	S	K	I	I	Y	D	S	A	I	U	M
O	C	L	L	Z	D	P	L	O	Q	M	P	P	O	I	N	Z	U	C
P	V	X	Z	S	M	B	U	P	G	J	Q	Q	I	P	Z	D	D	N
S	I	F	F	E	P	P	T	L	R	Q	C	D	U	E	W	O	A	W
R	K	Y	Q	Z	W	Y	A	E	V	J	T	F	R	P	Z	E	M	H
E	N	D	S	B	Z	R	F	G	J	J	O	B	Q	Q	G	H	S	O
I	S	M	J	B	H	S	O	E	U	G	A	Q	G	U	Y	R	L	S
N	L	S	Y	U	Q	E	W	S	R	R	N	I	N	P	A	H	I	E
R	L	P	D	G	Y	U	N	I	S	F	B	G	I	P	A	A	D	I
U	A	R	T	O	W	D	W	D	N	Z	G	Z	R	J	N	K	E	T
T	B	A	I	J	P	B	B	Z	W	G	C	P	D	O	F	E	R	E
Z	G	P	I	L	R	D	T	F	L	L	E	W	N	P	X	N	U	N
F	I	F	D	Q	Y	G	O	M	R	V	Y	R	E	V	T	P	H	B
G	B	E	R	B	Q	N	Q	R	S	R	Z	J	S	F	C	G	H	L
D	Y	N	N	E	H	C	S	I	F	N	E	S	O	P	Q	J	U	E
H	H	B	Z	E	G	W	H	A	K	E	N	S	P	I	T	Z	E	I
X	L	L	D	R	I	L	L	E	N	H	C	C	F	R	O	F	V	S
W	W	E	Y	G	A	C	E	M	U	B	C	A	Z	I	S	D	C	D
L	Z	I	Z	U	E	D	G	I	N	E	K	A	H	R	E	D	Y	R

10

ENDRING	RYDERHAKEN	SWINGER
RAPFENBLEI	HAKENSPITZE	SEGELPOSE
SLIDER	VORFACHVERBINDER	POSENFISCHEN
SEITENBLEI	TURNIERSPORT	OEHRHAKEN
RODPOD	BIGBALLS	DRILLEN
BUZZERBARS	SCHWIMMER	VDSF

Lösung

R	E	D	N	I	B	R	E	V	H	C	A	F	R	O	V	X	N	R
K	D	G	A	E	P	T	Q	R	E	M	M	I	W	H	C	S	P	Q
R	K	O	O	E	I	W	V	C	H	X	K	O	Y	M	E	F	M	G
F	F	R	Z	F	B	T	N	D	N	A	N	S	L	Y	C	Y	P	N
T	I	P	G	P	P	J	S	E	V	G	N	J	P	X	R	N	B	B
R	G	R	S	C	B	V	R	S	K	I	I	Y	D	S	A	I	U	M
O	C	L	L	Z	D	P	L	O	Q	M	P	P	O	I	N	Z	U	C
P	V	X	Z	S	M	B	U	P	G	J	Q	Q	I	P	Z	D	D	N
S	I	F	F	E	P	P	T	L	R	Q	C	D	U	E	W	O	A	W
R	K	Y	Q	Z	W	Y	A	E	V	J	T	F	R	P	Z	E	M	H
E	N	D	S	B	Z	R	F	G	J	J	O	B	Q	Q	G	H	S	O
I	S	M	J	B	H	S	O	E	U	G	A	Q	G	U	Y	R	L	S
N	L	S	Y	U	Q	E	W	S	R	R	N	I	N	P	A	H	I	E
R	L	P	D	G	Y	U	N	I	S	F	B	G	I	P	A	A	D	I
U	A	R	T	O	W	D	W	D	N	Z	G	Z	R	J	N	K	E	T
T	B	A	I	J	P	B	B	Z	W	G	C	P	D	O	F	E	R	E
Z	G	P	I	L	R	D	T	F	L	L	E	W	N	P	X	N	U	N
F	I	F	D	Q	Y	G	O	M	R	V	Y	R	E	V	T	P	H	B
G	B	E	R	B	Q	N	Q	R	S	R	Z	J	S	F	C	G	H	L
D	Y	N	N	E	H	C	S	I	F	N	E	S	O	P	Q	J	U	E
H	H	B	Z	E	G	W	H	A	K	E	N	S	P	I	T	Z	E	I
X	L	L	D	R	I	L	L	E	N	H	C	C	F	R	O	F	V	S
W	W	E	Y	G	A	C	E	M	U	B	C	A	Z	I	S	D	C	D
L	Z	I	Z	U	E	D	G	I	N	E	K	A	H	R	E	D	Y	R

E	M	N	N	L	J	C	K	J	W	V	J	I	H	G	X	B	I	N
W	K	E	P	S	F	V	K	N	P	X	V	S	I	J	B	J	L	P
F	U	P	D	E	T	R	I	T	U	S	R	G	E	G	N	D	W	D
W	W	M	O	Z	E	D	Y	Y	Y	C	C	M	L	I	C	B	C	M
C	C	U	S	U	O	I	J	O	E	J	U	G	B	J	X	J	K	S
T	N	P	E	I	G	U	J	W	G	W	C	G	N	E	W	Y	E	F
T	L	E	R	Q	A	P	W	P	A	X	T	L	E	I	Q	S	N	D
M	O	S	B	E	P	O	P	H	R	M	Q	Q	D	R	A	C	S	Q
D	F	R	C	I	T	B	E	S	H	S	E	W	O	E	X	H	A	C
V	R	U	B	H	E	S	F	L	S	O	J	E	B	B	S	N	W	V
N	Z	Y	H	M	W	H	O	P	T	E	H	A	N	K	R	U	L	L
Q	A	T	Z	F	M	I	C	N	L	S	N	O	U	Y	A	R	M	U
S	L	C	W	T	N	I	N	S	R	C	Q	R	V	A	D	A	P	O
T	T	R	H	I	M	N	W	G	G	E	B	D	A	C	G	B	N	J
O	T	C	G	L	S	U	I	H	S	N	T	W	D	H	C	Z	R	W
N	U	X	M	O	A	T	S	O	C	P	I	A	S	W	F	U	A	L
F	F	T	B	K	C	E	E	Q	W	S	I	T	P	I	H	G	G	J
O	C	X	V	Q	W	Q	U	R	S	V	S	T	S	R	W	H	E	A
X	K	U	Z	V	G	Q	M	F	T	S	P	B	Z	A	Z	V	D	W
W	P	A	R	A	V	A	N	A	E	M	H	H	V	E	C	C	N	X
G	V	T	X	Q	V	P	G	I	L	R	Y	D	C	H	F	I	I	B
E	G	E	I	L	F	N	E	K	C	O	R	T	M	C	H	G	B	Y
J	Q	P	L	O	Z	Z	A	F	Z	Q	G	F	N	O	S	F	I	Q
L	I	P	G	C	A	M	R	U	A	J	N	E	R	P	O	E	N	R

11

CASTINGSCHEIBEN
DYNEEMA
NEOPREN
PARAVAN
DETRITUS
TWISTER

SCHWIMMBROT
BODENBLEI
SCHNURABZUG
ERIEJIG
PATERNOSTER
BINDEGARN

STONFO
PUMPEN
SCHWINGSPITZE
HARNESS
TROCKENFLIEGE
NACHLAEUFER

Lösung

E	M	N	N	L	J	C	K	J	W	V	J	I	H	G	X	B	I	N
W	K	E	P	S	F	V	K	N	P	X	V	S	I	J	B	J	L	P
F	U	P	D	E	T	R	I	T	U	S	R	G	E	G	N	D	W	D
W	W	M	O	Z	E	D	Y	Y	Y	C	C	M	L	I	C	B	C	M
C	C	U	S	U	O	I	J	O	E	J	U	G	B	J	X	J	K	S
T	N	P	E	I	G	U	J	W	G	W	C	G	N	E	W	Y	E	F
T	L	E	R	Q	A	P	W	P	A	X	T	L	E	I	Q	S	N	D
M	O	S	B	E	P	O	P	H	R	M	Q	Q	D	R	A	C	S	Q
D	F	R	C	I	T	B	E	S	H	S	E	W	O	E	X	H	A	C
V	R	U	B	H	E	S	F	L	S	O	J	E	B	B	S	N	W	V
N	Z	Y	H	M	W	H	O	P	T	E	H	A	N	K	R	U	L	L
Q	A	T	Z	F	M	I	C	N	L	S	N	O	U	Y	A	R	M	U
S	L	C	W	T	N	I	N	S	R	C	Q	R	V	A	D	A	P	O
T	T	R	H	I	M	N	W	G	G	E	B	D	A	C	G	B	N	J
O	T	C	G	L	S	U	I	H	S	N	T	W	D	H	C	Z	R	W
N	U	X	M	O	A	T	S	O	C	P	I	A	S	W	F	U	A	L
F	F	T	B	K	C	E	E	Q	W	S	I	T	P	I	H	G	G	J
O	C	X	V	Q	W	Q	U	R	S	V	S	T	S	R	W	H	E	A
X	K	U	Z	V	G	Q	M	F	T	S	P	B	Z	A	Z	V	D	W
W	P	A	R	A	V	A	N	A	E	M	H	H	V	E	C	C	N	X
G	V	T	X	Q	V	P	G	I	L	R	Y	D	C	H	F	I	I	B
E	G	E	I	L	F	N	E	K	C	O	R	T	M	C	H	G	B	Y
J	Q	P	L	O	Z	Z	A	F	Z	Q	G	F	N	O	S	F	I	Q
L	I	P	G	C	A	M	R	U	A	J	N	E	R	P	O	E	N	R

K	I	U	C	X	C	R	I	K	B	I	V	Z	O	E	R	O	P	B
O	T	T	I	I	Z	C	U	B	V	U	M	S	E	F	Z	D	S	U
G	H	F	B	W	G	D	G	I	R	A	R	U	W	E	M	Q	E	L
U	F	I	D	Z	B	N	C	R	L	U	G	M	P	I	K	N	U	A
S	G	L	L	C	U	G	W	N	O	Y	M	X	M	T	Y	U	T	C
X	B	C	U	D	E	K	R	V	B	I	G	I	O	R	X	O	R	H
C	O	Z	N	C	J	K	A	U	C	M	S	E	R	E	A	J	O	S
J	D	A	Y	K	H	L	G	K	N	X	Y	K	D	S	B	X	P	A
E	L	I	H	S	F	T	E	N	W	D	Q	U	A	S	K	L	H	N
R	G	V	Z	A	W	Y	M	H	I	C	A	K	N	E	T	G	I	G
K	E	U	G	Z	F	K	K	O	D	H	D	N	A	A	C	R	E	E
B	R	H	E	I	S	D	N	Z	N	S	S	E	G	W	B	W	R	L
A	K	S	N	U	I	U	A	M	R	T	D	I	P	E	Y	B	U	N
I	S	N	P	M	N	B	L	Y	O	E	A	Y	F	G	L	R	N	B
T	R	C	W	G	K	L	B	T	M	T	K	G	E	T	N	N	G	P
A	E	T	U	H	S	E	O	P	Y	R	W	C	F	Q	A	N	G	E
H	D	J	H	F	C	T	G	O	E	Q	T	N	O	S	I	O	U	M
F	N	L	W	W	H	T	V	M	B	G	K	B	S	Z	J	P	L	J
U	A	U	R	B	N	E	S	C	S	A	V	O	N	P	O	S	E	F
L	E	R	P	M	U	B	G	M	N	B	H	F	J	T	Q	U	U	M
Y	A	P	F	V	R	G	T	B	Z	P	Z	Y	Z	I	H	W	S	V
Q	M	A	H	K	T	H	J	U	I	D	W	W	E	T	A	E	J	C
Q	T	C	K	O	P	I	L	C	R	U	N	H	C	S	Z	P	E	Q
A	N	A	D	Y	O	F	V	A	T	U	P	L	Q	R	L	I	V	C

12

GEWAESSERTIEFE
MICKEYFINN
AVONPOSE
ANADROM
FLAVOUR
MAEANDER
LANDUNG
SINKSCHNUR
GRUNDANGELN
BLANK
LACHSANGELN
FLOATFISHING
FLUCHTMONTAGE
DUBLETTE
EUTROPHIERUNG
JERKBAIT
ZOCKER
SCHNURCLIP

Lösung

K	I	U	C	X	C	R	I	K	B	I	V	Z	O	E	R	O	P	B
O	T	T	I	I	Z	C	U	B	V	U	M	S	E	F	Z	D	S	U
G	H	F	B	W	G	D	G	I	R	A	R	U	W	E	M	Q	E	L
U	F	I	D	Z	B	N	C	R	L	U	G	M	P	I	K	N	U	A
S	G	L	L	C	U	G	W	N	O	Y	M	X	M	T	Y	U	T	C
X	B	C	U	D	E	K	R	V	B	I	G	I	O	R	X	O	R	H
C	O	Z	N	C	J	K	A	U	C	M	S	E	R	E	A	J	O	S
J	D	A	Y	K	H	L	G	K	N	X	Y	K	D	S	B	X	P	A
E	L	I	H	S	F	T	E	N	W	D	Q	U	A	S	K	L	H	N
R	G	V	Z	A	W	Y	M	H	I	C	A	K	N	E	T	G	I	G
K	E	U	G	Z	F	K	K	O	D	H	D	N	A	A	C	R	E	E
B	R	H	E	I	S	D	N	Z	N	S	S	E	G	W	B	W	R	L
A	K	S	N	U	I	U	A	M	R	T	D	I	P	E	Y	B	U	N
I	S	N	P	M	N	B	L	Y	O	E	A	Y	F	G	L	R	N	B
T	R	C	W	G	K	L	B	T	M	T	K	G	E	T	N	N	G	P
A	E	T	U	H	S	E	O	P	Y	R	W	C	E	Q	A	N	G	E
H	D	J	H	F	C	T	G	O	E	Q	T	N	O	S	I	O	U	M
F	N	L	W	W	H	T	V	M	B	G	K	B	S	Z	J	P	L	J
U	A	U	R	B	N	E	S	C	S	A	V	O	N	P	O	S	E	F
L	E	R	P	M	U	B	G	M	N	B	H	F	J	T	Q	U	U	M
Y	A	P	F	V	R	G	T	B	Z	P	Z	Y	Z	I	H	W	S	V
Q	M	A	H	K	T	H	J	U	I	D	W	W	E	T	A	E	J	C
Q	T	C	K	O	P	I	L	C	R	U	N	H	C	S	Z	P	E	Q
A	N	A	D	Y	O	F	V	A	T	U	P	L	Q	R	L	I	V	C

W	N	G	N	U	W	H	C	S	K	C	E	U	R	Y	T	T	I	B
I	Y	S	T	R	U	G	F	P	M	A	K	A	L	C	L	F	A	F
W	I	R	B	E	L	Q	S	D	F	Q	F	K	M	A	Y	A	S	R
B	B	E	H	M	Y	U	U	S	D	J	D	K	Z	M	U	E	B	U
X	K	L	E	T	T	E	R	A	F	F	E	F	L	O	Z	J	Z	W
R	T	Y	C	H	X	P	M	S	I	N	K	E	R	U	P	T	L	D
Q	O	X	T	I	R	H	J	M	B	R	Y	Q	S	F	A	L	L	N
W	C	Y	A	M	H	A	P	D	I	Z	Z	A	M	L	D	X	V	A
T	Z	B	D	O	O	H	B	O	Z	M	R	Q	P	A	R	Q	R	H
B	O	I	V	Y	R	M	E	U	T	O	A	D	P	G	G	X	D	R
U	U	J	G	J	F	B	D	C	I	C	N	S	V	E	U	S	N	E
R	O	T	K	A	R	T	T	A	H	A	B	Y	E	T	M	T	R	T
P	W	Q	V	N	U	H	D	P	T	O	D	C	D	O	M	E	E	N
I	X	D	M	O	W	K	Y	S	U	B	L	X	T	T	I	C	T	U
B	T	N	X	F	T	L	F	J	O	B	X	O	G	H	Z	K	T	E
E	L	L	O	R	R	E	A	N	O	I	T	A	T	S	U	R	E	C
G	P	Z	R	W	O	E	P	I	D	T	I	A	B	J	G	U	U	C
R	U	N	H	C	S	N	E	G	E	I	L	F	M	S	S	T	F	N
E	Z	V	O	A	U	P	O	E	D	D	E	R	N	V	P	E	N	U
F	H	N	Y	T	E	Y	G	J	S	D	Y	T	R	U	I	N	A	G
Y	W	C	H	L	R	I	U	M	F	Q	T	N	B	P	T	P	C	V
Z	U	Q	B	I	N	I	J	M	F	T	Y	E	G	N	Z	S	K	I
O	E	W	F	G	O	H	N	K	S	K	J	F	W	N	E	K	T	X
Q	I	E	E	W	L	H	B	C	N	E	L	B	I	G	G	D	H	R

13

BAITDIP
RUECKSCHWUNG
FLIEGENSCHNUR
GUMMIZUGSPITZE
WIRBEL
KAMPFGURT
ANFUETTERN
STECKRUTEN
POEDDERN
WURFROHR
ATTRAKTOR
ECHOLOT
STANDPLATZ
STATIONAERROLLE
KLETTERAFFE
UNTERHANDWURF
SINKER
CAMOUFLAGE

Lösung

W	N	G	N	U	W	H	C	S	K	C	E	U	R	Y	T	T	I	B
I	Y	S	T	R	U	G	F	P	M	A	K	A	L	C	L	F	A	F
W	I	R	B	E	L	Q	S	D	F	Q	F	K	M	A	Y	A	S	R
B	B	E	H	M	Y	U	U	S	D	J	D	K	Z	M	U	E	B	U
X	K	L	E	T	T	E	R	A	F	F	E	F	L	O	Z	J	Z	W
R	T	Y	C	H	X	P	M	S	I	N	K	E	R	U	P	T	L	D
Q	O	X	T	I	R	H	J	M	B	R	Y	Q	S	F	A	L	L	N
W	C	Y	A	M	H	A	P	D	I	Z	Z	A	M	L	D	X	V	A
T	Z	B	D	O	O	H	B	O	Z	M	R	Q	P	A	R	Q	R	H
B	O	I	V	Y	R	M	E	U	T	O	A	D	P	G	G	X	D	R
U	U	J	G	J	F	B	D	C	I	C	N	S	V	E	U	S	N	E
R	O	T	K	A	R	T	T	A	H	A	B	Y	E	T	M	T	R	T
P	W	Q	V	N	U	H	D	P	T	O	D	C	D	O	M	E	E	N
I	X	D	M	O	W	K	Y	S	U	B	L	X	T	T	I	C	T	U
B	T	N	X	F	T	L	F	J	O	B	X	O	G	H	Z	K	T	E
E	L	L	O	R	R	E	A	N	O	I	T	A	T	S	U	R	E	C
G	P	Z	R	W	O	E	P	I	D	T	I	A	B	J	G	U	U	C
R	U	N	H	C	S	N	E	G	E	I	L	F	M	S	S	T	F	N
E	Z	V	O	A	U	P	O	E	D	D	E	R	N	V	P	E	N	U
F	H	N	Y	T	E	Y	G	J	S	D	Y	T	R	U	I	N	A	G
Y	W	C	H	L	R	I	U	M	F	Q	T	N	B	P	T	P	C	V
Z	U	Q	B	I	N	I	J	M	F	T	Y	E	G	N	Z	S	K	I
O	E	W	F	G	O	H	N	K	S	K	J	F	W	N	E	K	T	X
Q	I	E	E	W	L	H	B	C	N	E	L	B	I	G	G	D	H	R

Z	G	V	B	S	H	V	D	N	F	I	D	L	C	K	I	Y	A	N
P	H	L	Q	B	Y	L	R	W	Z	T	V	R	G	S	G	D	I	N
X	G	X	H	D	G	Q	T	H	O	O	K	L	E	N	G	T	H	T
S	K	P	T	L	S	R	V	R	G	M	Y	C	D	H	C	G	D	F
W	V	G	Z	Z	L	F	Q	L	A	M	I	M	L	M	T	A	G	Y
H	U	C	H	E	N	Z	O	P	F	G	O	G	Y	F	L	F	P	V
E	P	P	U	P	L	A	A	J	Z	N	K	J	N	L	G	F	S	H
P	S	B	G	E	E	U	W	A	K	D	T	R	B	E	C	M	A	V
V	L	X	P	I	H	E	G	E	N	E	P	K	A	X	Q	C	D	B
M	E	T	L	A	X	S	Y	P	G	X	A	X	U	F	B	D	X	A
Z	S	I	T	B	N	M	D	D	R	N	G	F	O	Q	T	V	D	N
E	O	U	W	U	T	P	M	C	I	L	W	M	X	U	Q	Y	N	K
B	R	K	P	L	W	R	I	W	I	D	E	R	H	A	K	E	N	S
D	A	M	T	F	A	Z	R	R	B	G	U	M	P	E	N	Y	I	T
B	O	V	Z	U	Q	U	Q	O	S	N	M	M	H	P	S	R	Q	I
N	H	K	H	H	R	Y	N	E	W	C	V	F	N	E	D	K	I	C
N	M	T	G	Q	A	I	Y	G	C	S	H	H	M	N	W	T	R	K
R	E	D	A	E	L	K	C	O	H	S	K	E	M	L	Q	O	O	C
P	X	F	I	E	R	V	B	N	B	Y	X	R	N	E	X	M	U	E
W	X	J	C	P	E	X	T	C	M	Y	M	L	V	G	Z	N	U	P
E	E	A	Q	C	H	O	G	E	Z	F	B	X	R	N	V	L	Q	P
J	E	N	I	L	G	N	I	T	A	O	L	F	I	A	T	H	G	A
Y	P	N	Q	P	M	J	D	X	R	Y	X	N	W	Q	R	M	X	U
E	E	K	R	P	W	N	E	T	U	R	P	P	E	L	H	C	S	Q

ANPIRSCHEN
WIDERHAKEN
TRAGKRAFT
AFTMA
GUMPEN
QUAPPE

BANKSTICK
HUCHENZOPF
MONKEY
SCHLEPPRUTE
GAFF
AALPUPPE

SHOCKLEADER
FLOATINGLINE
ANGELN
HOOKLENGTH
BOILIE
HEGENE

Lösung

Z G V B S H V D N F I D L C K I Y A N
P H L Q B Y L R W Z T V R G S G D I N
X G X H D G Q T H O O K L E N G T H T
S K P T L S R V R G M Y C D H C G D F
W V G Z Z L F Q L A M I M L M T A G Y
H U C H E N Z O P F G O G Y F L F P V
E P P U P L A A J Z N K J N L G F S H
P S B G E E U W A K D T R B E C M A V
V L X P I H E G E N E P K A X Q C D B
M E T L A X S Y P G X A X U F B D X A
Z S I T B N M D D R N G F O Q T V D N
E O U W U T P M C I L W M X U Q Y N K
B R K P L W R I W I D E R H A K E N S
D A M T F A Z R R B G U M P E N Y I T
B O V Z U Q U Q O S N M M H P S R Q I
N H K H H R Y N E W C V F N E D K I C
N M T G Q A I Y G C S H H M N W T R K
R E D A E L K C O H S K E M L Q O O C
P X F I E R V B N B Y X R N E X M U E
W X J C P E X T C M Y M L V G Z N U P
E E A Q C H O G E Z F B X R N V L Q P
J E N I L G N I T A O L F I A T H G A
Y P N Q P M J D X R Y X N W Q R M X U
E E K R P W N E T U R P P E L H C S Q

M	M	W	E	R	A	I	Z	D	G	N	O	M	Z	W	H	X	N	R
A	Y	L	Z	Y	C	I	X	Z	L	L	P	V	A	R	D	R	S	J
Z	I	B	R	A	I	D	E	D	L	I	N	E	S	K	R	A	S	B
X	C	Q	L	G	S	N	A	B	G	A	G	S	E	V	N	X	A	H
L	O	L	I	T	L	E	E	U	Z	E	Z	M	Y	T	O	L	P	Z
G	P	O	P	U	P	A	E	K	I	T	O	J	I	I	N	D	H	K
R	S	W	X	L	M	F	S	L	A	O	R	T	D	E	C	W	C	N
U	T	I	Q	E	Q	A	F	F	B	H	A	S	K	E	O	Q	S	P
N	A	D	S	E	T	S	U	R	A	N	L	O	P	M	E	X	I	R
D	C	E	A	B	S	U	E	T	G	S	E	E	P	B	W	T	F	A
K	K	R	R	A	R	D	R	L	C	D	E	E	P	C	K	E	W	L
O	L	H	N	Z	E	O	E	K	E	Y	G	R	I	P	D	A	W	L
E	E	A	Z	E	V	T	L	R	L	N	D	R	Q	E	O	A	K	U
D	K	K	F	M	U	W	N	L	E	I	D	A	Z	J	G	D	H	F
E	E	E	B	B	S	A	Q	I	Y	C	P	Y	E	V	Q	Q	O	E
R	L	N	E	K	D	Z	Y	D	D	Z	Q	C	E	Q	E	D	Z	R
M	D	L	L	E	S	C	H	N	U	R	K	L	A	S	S	E	N	E
R	O	O	L	O	U	T	X	D	S	L	G	X	N	G	Y	Q	W	W
K	A	S	P	U	X	P	W	B	I	Z	W	L	N	L	Z	E	R	V
C	F	S	G	J	S	C	S	L	H	I	M	A	S	W	Y	A	W	Q
H	I	I	M	J	V	Y	F	P	U	L	H	C	S	M	T	Y	B	A
T	I	V	N	L	E	G	N	A	N	E	L	L	E	R	O	F	E	L
W	N	K	Y	H	R	I	R	C	V	C	T	T	N	K	D	R	F	Z
Z	A	A	Q	I	N	Q	Y	S	C	Z	P	W	Y	W	U	N	Z	S

15

NASSFLIEGE
TACKLE
PILKRUTE
FISCHPASS
GLASFASER
FORELLENANGELN
FEEDERBOOM
SCHNURKLASSEN
KOEDERNADEL
BROLLY
WIDERHAKENLOS
PRALLUFER
ANTITANGLETUBE
SCHLUPF
BRAIDEDLINES
POPUP
DOPPELHAKEN
GRUNDKOEDER

Lösung

M	M	W	E	R	A	I	Z	D	G	N	O	M	Z	W	H	X	N	R
A	Y	L	Z	Y	C	I	X	Z	L	L	P	V	A	R	D	R	S	J
Z	I	B	R	A	I	D	E	D	L	I	N	E	S	K	R	A	S	B
X	C	Q	L	G	S	N	A	B	G	A	G	S	E	V	N	X	A	H
L	O	L	I	T	L	E	E	U	Z	E	Z	M	Y	T	O	L	P	Z
G	P	O	P	U	P	A	E	K	I	T	O	J	I	I	N	D	H	K
R	S	W	X	L	M	F	S	L	A	O	R	T	D	E	C	W	C	N
U	T	I	Q	E	Q	A	F	F	B	H	A	S	K	E	O	Q	S	P
N	A	D	S	E	T	S	U	R	A	N	L	O	P	M	E	X	I	R
D	C	E	A	B	S	U	E	T	G	S	E	E	P	B	W	T	F	A
K	K	R	R	A	R	D	R	L	C	D	E	E	P	C	K	E	W	L
O	L	H	N	Z	E	O	E	K	E	Y	G	R	I	P	D	A	W	L
E	E	A	Z	E	V	T	L	R	L	N	D	R	Q	E	O	A	K	U
D	K	K	F	M	U	W	N	L	E	I	D	A	Z	J	G	D	H	F
E	E	E	B	B	S	A	Q	I	Y	C	P	Y	E	V	Q	Q	O	E
R	L	N	E	K	D	Z	Y	D	D	Z	Q	C	E	Q	E	D	Z	R
M	D	L	L	E	S	C	H	N	U	R	K	L	A	S	S	E	N	E
R	O	O	L	O	U	T	X	D	S	L	G	X	N	G	Y	Q	W	W
K	A	S	P	U	X	P	W	B	I	Z	W	L	N	L	Z	E	R	V
C	F	S	G	J	S	C	S	L	H	I	M	A	S	W	Y	A	W	Q
H	I	I	M	J	V	Y	F	P	U	L	H	C	S	M	T	Y	B	A
T	I	V	N	L	E	G	N	A	N	E	L	L	E	R	O	F	E	L
W	N	K	Y	H	R	I	R	C	V	C	T	T	N	K	D	R	F	Z
Z	A	A	Q	I	N	Q	Y	S	C	Z	P	W	Y	W	U	N	Z	S

K Q E Q M E Y P X I Z S G Q Z R K D M
L O C K S T O F F Z U S A T Z H J Z J
B E L L Y B O O T E N C K Q E I J W V
X F A P B X F T S V Q Y Q A F F V C N
O G V D M D E N U X N I V Z Y D P W Z
J I L H E A J F T O X Y N J M I G T D
Q D W W D R N Z S O M A F Z L G A V U
Y N P Z O G L Z I E H E P K P L D Z V
O A Y H S L L C T L T S E O P S N W Q
K L Y X S J Y A B T R R O G L L L C K
H B U R B Q L S F H J V N R Y Y D C K
B A Z F G R R L T Z U A R F C Q F P W
T S S B O R O E Z C F U N O U I Z I I
Z Y M H Y S B L U T K N O T E N M R L
E S A W S A V W Q Z B E G P V M G X T
Y C O E D Z T X B E E A V X T G Q Z X
L S F A V M A S Y A A G Q I O D W C H
Y V M O D J V T C U D O O X U X S H B
Q J Y V Z I D E D U C Q P G I E P X R
J B R J Z T H N F C S Y D Z L N P B Z
E M M E L K N E I R E T R A K I E L I
H L P L O N G B E L L Y L I N E M U A
T A N S I T Z A N G E L N N G K N R S
N A C H S C H N U R G Q M N H T X E L

16

LEADER
POLYFIL
PILKER
MICROSHOT
BELLYBOOT
FETTFLOSSE
ANSITZANGELN
HEAVYMETAL
LONGBELLYLINE
LOCKSTOFFZUSATZ
FOAM
BLUTKNOTEN
LURE
NACHSCHNUR
ARTERIENKLEMME
ABLANDIG
FANGPLATZ
MEPPS

Lösung

K Q E Q M E Y P X I Z S G Q Z R K D M
L O C K S T O F F Z U S A T Z H J Z J
B E L L Y B O O T E N C K Q E I J W V
X F A P B X F T S V Q Y Q A F F V C N
O G V D M D E N U X N I V Z Y D P W Z
J I L H E A J F T O X Y N J M I G T D
Q D W W D R N Z S O M A F Z L G A V U
Y N P Z O G L Z I E H E P K P L D Z V
O A Y H S L L C T L T S E O P S N W Q
K L Y X S J Y A B T R R O G L L L C K
H B U R B Q L S F H J V N R Y Y D C K
B A Z F G R R L T Z U A R F C Q F P W
T S S B O R O E Z C F U N O U I Z I I
Z Y M H Y S B L U T K N O T E N M R L
E S A W S A V W Q Z B E G P V M G X T
Y C O E D Z T X B E E A V X T G Q Z X
L S F A V M A S Y A A G Q I O D W C H
Y V M O D J V T C U D O O X U X S H B
Q J Y V Z I D E D U C Q P G I E P X R
J B R J Z T H N F C S Y D Z L N P B Z
E M M E L K N E I R E T R A K I E L I
H L P L O N G B E L L Y L I N E M U A
T A N S I T Z A N G E L N N G K N R S
N A C H S C H N U R G Q M N H T X E L

T	B	J	C	X	T	Q	C	R	I	B	M	S	W	B	N	H	O	M
H	U	I	O	I	D	K	U	W	P	W	Y	Y	C	B	E	R	A	J
C	J	C	N	B	F	T	T	G	R	E	B	H	C	S	R	A	B	G
I	W	H	M	C	D	N	V	G	K	Q	O	K	S	Z	K	H	.	E
H	C	T	R	H	U	P	J	I	N	N	V	B	D	L	G	K	R	F
C	D	A	G	E	V	F	L	I	E	G	E	N	L	A	R	V	E	N
S	F	R	E	E	B	I	E	S	A	E	Z	Q	Y	Z	T	E	T	F
G	M	M	Y	B	E	H	V	L	U	Z	O	U	F	A	Q	R	T	G
N	I	Z	K	V	P	D	U	H	Q	I	X	M	G	W	K	D	U	W
U	P	L	E	F	U	A	H	C	S	R	E	T	T	U	F	R	F	V
R	M	N	L	A	B	M	I	G	R	X	M	E	K	E	W	A	D	D
P	S	T	S	I	Q	D	M	M	R	F	B	E	I	T	A	L	N	C
S	H	X	A	K	P	A	L	M	E	R	G	S	S	I	T	L	U	B
G	P	S	O	N	Y	R	B	W	D	K	E	O	E	B	K	E	R	P
H	C	L	T	O	X	A	K	R	E	D	A	S	E	P	E	N	G	L
W	Z	F	Z	W	O	B	B	L	E	R	R	S	W	O	S	P	C	N
O	A	U	S	L	O	T	E	N	F	H	R	A	T	R	C	H	J	D
H	D	Z	Z	C	A	P	I	D	M	E	O	G	L	D	H	L	S	Q
L	E	G	N	A	E	G	E	L	I	K	T	R	V	B	E	P	Q	B
G	K	M	S	J	M	S	Q	H	W	R	A	A	N	L	R	P	P	U
G	P	B	K	G	Y	T	R	K	S	J	T	S	Q	Z	X	S	O	R
U	Y	X	G	X	C	U	L	O	B	E	I	F	A	E	N	G	E	R
C	B	V	T	F	K	N	W	Q	L	N	O	N	X	L	T	M	N	P
Y	D	D	Y	O	C	W	M	I	E	Z	N	S	A	K	L	A	Q	T

17

VERDRALLEN
FREEBIES
GRUNDFUTTER.
SARGASSOSEE
GIMBAL
FUTTERSCHAUFEL

FLIEGENLARVEN
PALMER
BARSCHBERG
AUSLOTEN
GEARROTATION
DROPBITE

BEIFAENGER
LEGEANGEL
WOBBLER
WATKESCHER
SWIMFEEDER
SPRUNGSCHICHT

Lösung

T	B	J	C	X	T	Q	C	R	I	B	M	S	W	B	N	H	O	M
H	U	I	O	I	D	K	U	W	P	W	Y	Y	C	B	E	R	A	J
C	J	C	N	B	F	T	T	G	R	E	B	H	C	S	R	A	B	G
I	W	H	M	C	D	N	V	G	K	Q	O	K	S	Z	K	H	.	E
H	C	T	R	H	U	P	J	I	N	N	V	B	D	L	G	K	R	F
C	D	A	G	E	V	F	L	I	E	G	E	N	L	A	R	V	E	N
S	F	R	E	E	B	I	E	S	A	E	Z	Q	Y	Z	T	E	T	F
G	M	M	Y	B	E	H	V	L	U	Z	O	U	F	A	Q	R	T	G
N	I	Z	K	V	P	D	U	H	Q	I	X	M	G	W	K	D	U	W
U	P	L	E	F	U	A	H	C	S	R	E	T	T	U	F	R	F	V
R	M	N	L	A	B	M	I	G	R	X	M	E	K	E	W	A	D	D
P	S	T	S	I	Q	D	M	M	R	F	B	E	I	T	A	L	N	C
S	H	X	A	K	P	A	L	M	E	R	G	S	S	I	T	L	U	B
G	P	S	O	N	Y	R	B	W	D	K	E	O	E	B	K	E	R	P
H	C	L	T	O	X	A	K	R	E	D	A	S	E	P	E	N	G	L
W	Z	F	Z	W	O	B	B	L	E	R	R	S	W	O	S	P	C	N
O	A	U	S	L	O	T	E	N	F	H	R	A	T	R	C	H	J	D
H	D	Z	Z	C	A	P	I	D	M	E	O	G	L	D	H	L	S	Q
L	E	G	N	A	E	G	E	L	I	K	T	R	V	B	E	P	Q	B
G	K	M	S	J	M	S	Q	H	W	R	A	A	N	L	R	P	P	U
G	P	B	K	G	Y	T	R	K	S	J	T	S	Q	Z	X	S	O	R
U	Y	X	G	X	C	U	L	O	B	E	I	F	A	E	N	G	E	R
C	B	V	T	F	K	N	W	Q	L	N	O	N	X	L	T	M	N	P
Y	D	D	Y	O	C	W	M	I	E	Z	N	S	A	K	L	A	Q	T

J	O	J	H	F	F	E	E	D	E	R	R	U	T	E	V	K	I	T
K	F	H	Q	I	N	H	U	U	R	G	C	E	V	B	A	L	Z	G
E	A	T	H	N	C	N	I	E	X	G	O	L	O	Y	U	E	Y	S
M	R	A	R	T	C	B	P	K	R	T	B	Z	B	O	F	Y	L	C
L	N	O	A	E	U	A	U	I	E	K	N	D	S	X	S	M	P	E
A	W	E	E	U	T	F	P	H	U	E	U	G	Q	F	T	P	U	N
S	S	M	S	G	N	U	M	E	O	R	T	S	F	X	E	I	K	Z
X	Q	F	Z	S	C	A	X	C	K	D	A	A	W	T	I	B	A	R
L	G	T	P	N	I	W	L	E	V	E	S	M	T	R	G	I	N	E
B	I	Y	V	X	E	E	Z	I	P	C	I	E	W	G	E	E	T	L
U	G	K	L	E	X	C	R	U	H	P	B	B	V	T	R	G	I	L
S	R	Z	H	L	N	Q	I	I	E	H	E	Z	L	U	A	E	T	O
T	A	N	K	G	U	E	N	U	C	A	R	E	F	B	R	K	A	R
P	O	L	U	J	H	E	D	I	M	N	Z	F	V	E	L	U	N	T
X	R	N	T	Y	N	W	A	I	M	M	V	D	R	N	E	R	G	N
K	D	J	K	A	A	L	P	J	R	I	F	D	U	T	S	V	L	O
Y	P	V	F	I	R	X	M	I	W	B	A	E	T	H	E	E	E	C
P	W	T	C	Q	N	E	H	N	A	J	Y	H	E	O	Y	P	B	L
V	A	S	V	B	U	C	L	S	J	L	D	H	N	S	B	C	L	V
M	O	Y	R	U	S	E	C	L	X	L	R	E	R	B	L	L	E	N
S	I	H	I	D	U	C	V	M	O	A	G	Z	I	I	E	Y	I	K
R	K	K	U	I	W	L	H	G	E	R	Q	P	N	W	I	I	B	U
E	Z	M	I	V	I	J	J	R	M	B	B	U	G	G	N	Q	U	T
Y	R	A	T	J	H	G	N	V	F	F	L	R	E	B	C	M	Y	U

SALTARELLO
SCHIRMZELT
FINTE
STROEMUNG
TONKIN
AUFSTEIGER

FASCHINEN
BIEGEKURVE
LAICHBETT
RUTENRINGE
FEEDERRUTE
TAPER

BENTHOS
ARLESEYBLEI
ANTITANGLEBLEI
HYBRIDEN
REISSEN
CONTROLLER

Lösung

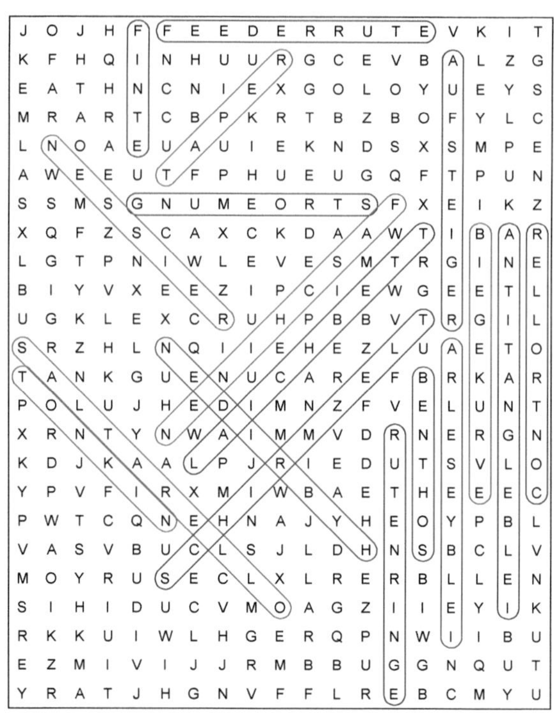

DAS

FALLSCHIRM-SPRINGEN

WORTSUCHRÄTSEL BUCH

M	U	G	F	R	E	E	B	A	G	H	M	B	V	X	X	B	N	L
Q	K	K	R	X	H	S	J	U	P	W	X	I	H	N	Q	W	Q	M
X	T	Z	J	W	G	L	D	N	G	Z	R	V	Z	J	E	U	U	X
B	E	Z	V	Z	J	C	B	B	X	V	C	C	X	U	Y	Y	I	K
G	U	E	Z	T	R	U	G	W	H	W	C	V	M	Q	F	S	Q	B
F	V	Y	S	I	X	X	B	I	X	E	R	U	K	J	Q	P	N	H
U	R	L	F	L	I	W	F	Q	I	R	F	P	S	U	J	V	C	H
C	Z	W	T	K	U	Z	J	F	Z	U	O	Q	O	H	R	R	V	I
U	I	H	V	P	B	V	F	H	Q	A	T	P	Y	A	A	M	A	L
X	R	F	H	O	I	S	T	S	F	E	M	A	C	Q	E	B	G	P
G	O	R	S	S	R	J	Y	Z	W	J	Y	C	L	S	B	Y	S	C
Q	Q	B	E	I	C	P	X	W	G	Y	F	Y	L	I	S	E	A	C
M	A	A	W	E	X	L	X	E	H	H	O	U	A	S	Z	I	O	B
C	H	J	K	I	N	B	H	N	Z	A	N	F	B	I	L	B	U	K
U	V	S	O	T	M	K	O	R	Y	O	S	W	Y	P	U	N	G	A
E	B	T	A	W	M	I	V	X	I	F	D	G	K	Z	I	E	G	D
N	K	M	N	B	Y	U	B	T	E	U	D	K	S	O	I	G	B	V
F	C	P	V	O	O	U	C	U	K	E	L	D	N	A	H	O	E	U
O	O	N	N	E	G	N	I	R	P	S	L	I	T	S	G	H	Z	T
F	D	V	A	T	U	H	L	K	A	Z	K	X	H	N	C	V	T	Q
N	P	V	L	F	A	U	F	Z	I	E	H	G	R	I	F	F	T	Q
O	O	E	L	H	W	Q	F	C	S	I	F	O	A	Q	S	H	F	B
P	T	A	X	V	D	C	T	Z	D	U	S	M	B	R	W	O	O	Q
U	M	W	Z	I	Z	R	I	W	X	S	M	Y	K	C	A	T	S	Z

1

FREEBAG
SKYBALL
HANDLE
STILSPRINGEN
STACK

ARCH
MALFUNCTION
GURTZEUG
TOPDOCK
AUFZIEHGRIFF

Lösung

M U G F R E E B A G H M B V X X B N L

Q K K R X H S J U P W X I H N Q W Q M

X T Z J W G L D N G Z R V Z J E U U X

B E Z V Z J C B B X V C C X U Y Y I K

G U E Z T R U G W H W C V M Q F S Q B

F V Y S I X X B I X E R U K J Q P N H

U R L F L I W F Q I R F P S U J V C H

C Z W T K U Z J F Z U O Q O H R R V I

U I H V P B V F H Q A T P Y A A M A L

X R F H O I S T S F E M A C Q E B G P

G O R S S R J Y Z W J Y C L S B Y S C

Q Q B E I C P X W G Y F Y L I S E A C

M A A W E X L X E H H O U A S Z I O B

C H J K I N B H N Z A N F B I L B U K

U V S O T M K O R Y O S W Y P U N G A

E B T A W M I V X I F D G K Z I E G D

N K M N B Y U B T E U D K S O I G B V

F C P V O O U C U K E L D N A H O E U

O O N N E G N I R P S L I T S G H Z T

F D V A T U H L K A Z K X H N C V T Q

N P V L F A U F Z I E H G R I F F T Q

O O E L H W Q F C S I F O A Q S H F B

P T A X V D C T Z D U S M B R W O O Q

U M W Z I Z R I W X S M Y K C A T S Z

U	X	Z	V	K	F	H	X	L	R	A	N	L	P	O	P	S	B	X
N	J	I	O	P	S	Z	A	P	H	O	B	W	Z	Y	J	R	D	L
S	Z	A	C	K	N	Q	O	O	I	V	E	C	W	F	X	N	E	E
J	T	Q	N	M	S	S	E	T	M	A	F	A	W	T	U	L	A	N
U	T	I	J	B	T	W	I	R	T	P	J	F	K	D	A	I	D	N
Y	Z	E	O	D	S	S	R	X	D	B	W	E	W	Y	P	M	C	U
E	J	R	I	O	O	K	G	V	Y	M	P	U	F	S	J	C	E	T
Q	C	V	B	P	E	T	I	U	S	P	M	U	J	N	Z	C	N	D
D	E	H	X	N	B	E	F	N	Y	H	T	A	B	S	S	K	T	N
T	J	O	L	H	G	P	O	O	L	E	K	A	R	B	E	J	E	I
N	B	Q	Q	J	N	B	X	Y	Q	Y	B	Y	U	S	H	R	R	W
R	V	S	U	P	G	U	F	D	O	P	Q	T	H	Q	T	H	G	L
Y	C	D	N	A	A	C	B	K	Q	E	W	V	E	O	M	A	Y	P
M	N	L	T	V	I	N	U	R	N	V	Z	W	T	J	P	U	S	V
R	M	W	B	V	N	D	N	H	X	L	Y	N	R	C	S	Q	G	E
N	E	G	N	I	R	P	S	M	R	I	H	C	S	L	L	A	F	I
Q	P	V	D	C	V	L	L	A	F	E	E	R	F	T	W	A	U	U
Q	Y	R	L	S	I	G	Q	E	Y	W	S	R	T	J	B	L	D	P
Q	H	W	J	C	B	G	A	Z	H	Y	L	H	O	Z	L	B	H	B
B	O	L	Y	Z	V	C	W	D	S	T	J	Q	G	Y	G	B	C	U
Q	F	U	E	D	I	S	Y	B	E	D	I	S	F	H	R	F	R	J
J	R	H	R	O	P	E	H	E	I	N	B	T	J	W	R	J	M	P
L	I	X	G	E	W	I	C	H	T	E	I	X	U	T	Z	W	W	C
Q	P	M	Z	D	F	I	R	I	E	G	L	L	V	K	W	V	X	X

JUMPSUITE
BRAKELOOP
DEADCENTER
POSTDIVE
GEWICHTE

WINDTUNNEL
FALLSCHIRMSPRINGEN
BOXPOSITION
FREEFALL
SIDEBYSIDE

Lösung

U	X	Z	V	K	F	H	X	L	R	A	N	L	P	O	P	S	B	X
N	J	I	O	P	S	Z	A	P	H	O	B	W	Z	Y	J	R	D	L
S	Z	A	C	K	N	Q	O	O	I	V	E	C	W	F	X	N	E	E
J	T	Q	N	M	S	S	E	T	M	A	F	A	W	T	U	L	A	N
U	T	I	J	B	T	W	I	R	T	P	J	F	K	D	A	I	D	N
Y	Z	E	O	D	S	S	R	X	D	B	W	E	W	Y	P	M	C	U
E	J	R	I	O	O	K	G	V	Y	M	P	U	F	S	J	C	E	T
Q	C	V	B	P	E	T	I	U	S	P	M	U	J	N	Z	C	N	D
D	E	H	X	N	B	E	F	N	Y	H	T	A	B	S	S	K	T	N
T	J	O	L	H	G	P	O	O	L	E	K	A	R	B	E	J	E	I
N	B	Q	Q	J	N	B	X	Y	Q	Y	B	Y	U	S	H	R	R	W
R	V	S	U	P	G	U	F	D	O	P	Q	T	H	Q	T	H	G	L
Y	C	D	N	A	A	C	B	K	Q	E	W	V	E	O	M	A	Y	P
M	N	L	T	V	I	N	U	R	N	V	Z	W	T	J	P	U	S	V
R	M	W	B	V	N	D	N	H	X	L	Y	N	R	C	S	Q	G	E
N	E	G	N	I	R	P	S	M	R	I	H	C	S	L	L	A	F	I
Q	P	V	D	C	V	L	L	A	F	E	E	R	F	T	W	A	U	U
Q	Y	R	L	S	I	G	Q	E	Y	W	S	R	T	J	B	L	D	P
Q	H	W	J	C	B	G	A	Z	H	Y	L	H	O	Z	L	B	H	B
B	O	L	Y	Z	V	C	W	D	S	T	J	Q	G	Y	G	B	C	U
Q	F	U	E	D	I	S	Y	B	E	D	I	S	F	H	R	F	R	J
J	R	H	R	O	P	E	H	E	I	N	B	T	J	W	R	J	M	P
L	I	X	G	E	W	I	C	H	T	E	I	X	U	T	Z	W	W	C
Q	P	M	Z	D	F	I	R	I	E	G	L	L	V	K	W	V	X	X

D	F	P	Y	X	O	O	I	L	J	L	Y	I	Q	H	A	Y	D	N
C	Y	T	J	M	S	J	N	K	M	B	I	P	H	L	T	E	U	I
Y	U	M	B	E	X	B	E	E	E	P	K	W	C	K	E	T	H	O
I	H	U	K	T	J	J	B	K	G	W	B	B	Y	P	T	H	R	M
H	Z	Z	U	F	W	B	Q	U	X	A	D	D	S	C	Q	K	X	K
J	Z	Z	Z	R	O	D	Y	M	J	L	L	W	L	C	V	K	W	W
R	O	T	C	U	R	T	S	N	I	G	O	L	I	Q	O	E	S	K
P	W	U	M	D	J	A	R	Y	O	L	I	I	I	Z	G	T	A	R
E	Q	B	S	F	B	K	X	L	P	A	Q	Y	Z	E	A	D	C	Y
O	R	X	S	W	H	Z	G	F	F	O	N	Y	R	X	F	B	L	D
C	Y	B	A	C	K	L	O	O	P	D	W	Q	E	O	O	P	F	E
C	A	M	U	J	C	E	O	K	O	G	T	R	E	J	O	G	E	P
X	L	L	N	G	K	J	T	G	R	Z	W	O	F	T	H	G	E	O
H	E	E	S	Q	T	K	M	O	T	E	S	L	I	C	H	R	N	Y
C	D	X	K	B	W	X	Z	B	P	D	H	V	N	O	X	G	T	T
U	B	W	G	B	D	S	W	D	K	S	L	I	G	N	N	J	P	P
T	A	V	Y	V	R	I	D	V	T	C	X	R	S	I	D	G	H	N
J	J	K	P	H	W	Q	G	A	G	N	J	C	Y	W	B	P	N	S
C	E	X	E	B	Y	P	K	K	V	V	E	L	L	Y	O	F	B	N
H	C	E	R	U	E	R	V	N	G	K	F	P	Z	O	R	X	D	F
H	A	V	V	W	A	L	D	F	K	T	F	K	W	O	W	G	R	R
I	K	H	K	D	S	A	L	L	I	D	W	S	L	K	G	Q	B	J
Q	V	R	J	U	B	F	S	S	L	L	A	T	S	L	L	U	F	C
I	Q	S	P	U	Y	O	Q	B	G	Y	J	X	A	T	Z	Y	F	L

INSTRUCTOR
SITFLYING
SPOT
FULLSTALL
DELAY

PFEILLAGE
SWOOP
REEFING
LOWSPEED
BACKLOOP

Lösung

D F P Y X O O I L J L Y I Q H A Y D N
C Y T J M S J N K M B I P H L T E U I
Y U M B E X B E E E P K W C K E T H O
I H U K T J J B K G W B B Y P T H R M
H Z Z U F W B Q U X A D D S C Q K X K
J Z Z Z R O D Y M J L L W L C V K W W
R O T C U R T S N I G O L I Q O E S K
P W U M D J A R Y O L I I I Z G T A R
E Q B S F B K X L P A Q Y Z E A D C Y
O R X S W H Z G F F O N Y R X F B L D
C Y B A C K L O O P D W Q E O O P F E
C A M U J C E O K O G T R E J O G E P
X L L N G K J T G R Z W O F T H G E O
H E E S Q T K M O T E S L I C H R N Y
C D X K B W X Z B P D H V N O X G T T
U B W G B D S W D K S L I G N N J P P
T A V Y V R I D V T C X R S I D G H N
J J K P H W Q G A G N J C Y W B P N S
C E X E B Y P K K V V E L L Y O F B N
H C E R U E R V N G K F P Z O R X D F
H A V V W A L D F K T F K W O W G R R
I K H K D S A L L I D W S L K G Q B J
Q V R J U B F S S L L A T S L L U F C
I Q S P U Y O Q B G Y J X A T Z Y F L

K	P	G	M	P	V	Y	X	Z	B	K	Q	Y	C	Q	F	R	A	N
C	N	V	F	T	O	L	S	T	U	L	I	H	U	P	E	I	Y	E
U	E	B	B	A	D	P	W	L	H	R	E	F	Q	M	R	N	L	K
U	T	L	B	K	W	N	V	R	L	C	G	M	A	L	W	K	A	V
Y	A	J	L	K	F	Z	N	I	K	V	N	E	O	I	C	H	M	D
L	I	Q	D	F	R	L	N	P	R	P	R	C	D	U	Q	M	X	B
J	D	M	N	R	X	K	O	I	G	T	K	Y	B	L	C	G	K	E
S	E	C	C	D	T	I	H	T	S	R	H	L	Y	X	O	M	X	V
I	M	U	G	C	N	V	M	E	H	H	E	U	E	P	I	U	A	W
Z	R	U	T	T	Y	N	W	Z	V	J	V	Q	T	H	O	H	S	L
W	E	O	W	O	Z	F	A	E	Y	Q	H	G	W	J	O	Q	N	E
S	T	O	E	H	F	X	T	L	S	Q	C	Q	S	H	J	B	S	A
M	N	E	C	M	T	G	E	T	Z	S	R	N	Q	O	Z	H	I	F
Y	I	D	G	A	V	E	D	N	D	K	D	X	T	K	N	X	N	J
R	S	B	B	K	F	Z	I	S	U	K	Z	G	G	K	D	I	B	G
N	P	I	K	A	P	I	Q	U	M	V	M	W	K	V	P	X	U	U
I	J	I	E	F	F	J	R	N	Z	G	U	G	H	M	I	H	R	S
V	U	K	L	L	R	E	O	N	F	L	D	V	B	H	T	M	T	M
C	X	G	L	T	O	A	R	F	H	D	Y	K	R	Y	L	W	P	X
Q	Y	W	E	K	V	B	Q	G	A	B	R	A	E	G	W	D	O	Q
G	W	K	Z	D	Y	A	B	A	P	U	J	K	U	I	N	T	Q	N
R	C	G	D	V	T	O	Z	Y	C	H	A	R	N	E	S	S	X	X
F	L	B	N	H	M	A	N	U	A	L	N	L	W	C	C	X	H	N
T	I	B	E	O	N	P	I	F	N	R	S	D	X	M	U	I	A	U

INTERMEDIATE
SLOT
ENDZELLE
CHECKPOINT
STREAMER

AIRLOCK
GEARBAG
MANUAL
HARNESS
BUCKLE

Lösung

K P G M P V Y X Z B K Q Y C Q F R A N
C N V F T O L S T U L I H U P E I Y E
U E B B A D P W L H R E F Q M R N L K
U T L B K W N V R L C G M A L W K A V
Y A J L K F Z N I K V N E O I C H M D
L I Q D F R L N P R P R C D U Q M X B
J D M N R X K O I G T K Y B L C G K E
S E C C D T I H T S R H L Y X O M X V
I M U G C N V M E H H E U E P I U A W
Z R U T T Y N W Z V J V Q T H O H S L
W E O W O Z F A E Y Q H G W J O Q N E
S T O E H F X T L S Q C Q S H J B S A
M N E C M T G E T Z S R N Q O Z H I F
Y I D G A V E D N D K D X T K N X N J
R S B B K F Z I S U K Z G G K D I B G
N P I K A P I Q U M V M W K V P X U U
I J I E F F J R N Z G U G H M I H R S
V U K L L R E O N F L D V B H T M T M
C X G L T O A R F H D Y K R Y L W P X
Q Y W E K V B Q G A B R A E G W D O Q
G W K Z D Y A B A P U J K U I N T Q N
R C G D V T O Z Y C H A R N E S S X X
F L B N H M A N U A L N L W C C X H N
T I B E O N P I F N R S D X M U I A U

Q	O	N	V	A	Y	R	K	F	J	I	N	W	B	S	D	W	R	H
B	B	N	D	B	T	V	M	V	Z	W	S	D	P	W	L	H	I	Q
C	I	R	R	J	I	X	U	C	H	Z	A	U	N	B	K	A	B	Y
B	I	Z	O	Y	C	K	A	N	U	O	X	M	Y	W	R	N	F	K
C	S	S	C	H	O	U	M	I	L	X	G	G	F	L	Y	D	B	V
A	A	Y	P	X	L	A	S	G	W	A	O	G	D	V	F	T	Z	Z
I	B	U	I	N	E	V	N	E	H	N	A	Z	E	J	D	A	Z	D
J	P	L	R	C	V	I	E	L	D	I	R	B	G	H	A	C	T	F
H	H	L	T	P	W	N	D	E	J	X	E	Y	F	V	I	K	L	A
T	O	F	O	H	G	W	L	M	L	K	B	X	I	Q	S	I	G	R
D	C	T	B	A	B	Q	A	M	W	D	O	N	I	F	Y	N	P	C
H	T	Z	K	D	L	S	R	A	P	K	Z	E	Z	T	C	G	A	M
L	X	N	W	N	V	E	A	I	T	J	M	L	T	P	H	X	K	R
M	K	R	E	Z	I	S	G	K	P	G	X	Y	H	O	A	B	A	Y
M	H	G	J	M	D	F	J	R	W	S	O	D	Q	S	I	C	B	P
F	C	N	I	G	Y	Z	E	O	X	I	P	Y	J	D	N	C	A	P
L	J	Y	H	U	G	O	Y	F	R	L	F	O	Z	Q	E	W	Z	J
W	B	G	S	W	I	E	L	M	M	D	E	L	P	S	Y	O	K	H
K	F	I	I	L	E	P	R	P	F	W	Q	X	R	W	N	I	S	T
U	L	L	Z	T	L	Q	K	S	E	W	E	A	E	A	B	C	M	N
J	B	P	Z	I	Z	M	R	S	R	D	F	S	Z	E	Z	S	G	G
R	C	Q	G	U	K	H	R	M	M	T	Y	A	N	O	Q	E	X	U
R	S	C	E	E	F	I	T	Z	N	P	W	H	V	T	D	N	P	T
P	T	U	W	Y	Q	J	Y	N	S	V	K	N	R	A	S	O	F	D

DAISYCHAIN
BRIDLE
HOTKNIFE
RIPCORD
RIPSPOP

WINGLOAD
EXIT
HANDTACKING
VELOCITY
DEPLOYMENT

Lösung

Q O N V A Y R K F J I N W B S D W R H
B B N D B T V M V Z W S D P W L H I Q
C I R R J I X U C H Z A U N B K A B Y
B I Z O Y C K A N U O X M Y W R N F K
C S S C H O U M I L X G G F L Y D B V
A A Y P X L A S G W A O G D V F T Z Z
I B U I N E V N E H N A Z E J D A Z D
J P L R C V I E L D I R B G H A C T F
H H L T P W N D E J X E Y F V I K L A
T O F O H G W L M L K B X I Q S I G R
D C T B A B Q A M W D O N I F Y N P C
H T Z K D L S R A P K Z E Z T C G A M
L X N W N V E A I T J M L T P H X K R
M K R E Z I S G K P G X Y H O A B A Y
M H G J M D F J R W S O D Q S I C B P
F C N I G Y Z E O X I P Y J D N C A P
L J Y H U G O Y F R L F O Z Q E W Z J
W B G S W I E L M M D E L P S Y O K H
K F I I L E P R P F W Q X R W N I S T
U L L Z T L Q K S E W E A E A B C M N
J B P Z I Z M R S R D F S Z E Z S G G
R C Q G U K H R M M T Y A N O Q E X U
R S C E E F I T Z N P W H V T D N P T
P T U W Y Q J Y N S V K N R A S O F D

N	B	H	B	W	M	W	O	F	R	E	H	I	F	B	L	Z	D	Z
J	D	W	P	A	C	K	K	A	R	T	E	U	T	H	Y	M	P	F
S	X	H	L	B	X	G	Z	Q	G	R	G	N	J	X	T	O	Y	A
G	S	C	T	G	B	Q	H	U	F	E	I	S	E	N	F	J	D	T
Q	D	L	P	V	D	A	C	R	O	N	L	I	N	E	S	A	M	J
F	Z	M	L	W	E	S	D	T	R	F	G	R	R	L	I	F	C	U
Q	S	S	E	E	S	P	I	L	L	E	Z	U	Z	R	D	T	W	Q
P	V	F	T	D	Q	D	K	X	S	N	I	Y	F	J	E	Y	H	M
W	A	I	V	E	R	J	D	U	I	V	L	O	H	O	B	J	C	A
B	C	Z	O	T	N	X	F	W	Z	R	I	L	C	R	R	L	L	T
N	R	V	R	F	L	T	U	C	D	L	Y	L	K	T	I	Q	O	F
F	N	X	M	W	S	Y	N	V	W	K	O	F	D	L	E	U	M	E
A	Y	M	R	S	R	Z	J	A	Q	D	L	Y	N	E	F	F	I	P
G	T	W	D	W	V	W	U	Q	N	K	C	V	Z	A	I	F	X	Y
K	S	I	X	P	S	E	M	R	A	X	Q	G	D	L	N	P	K	P
J	N	K	H	Z	Q	G	P	N	R	O	B	M	X	W	G	X	U	N
P	T	V	I	H	L	U	T	N	C	M	Y	J	A	L	H	G	G	F
P	H	A	V	W	P	W	H	J	Z	T	B	J	J	E	K	K	O	Y
S	T	W	C	L	C	U	L	E	I	P	Y	L	R	U	H	T	V	O
C	A	O	R	E	W	X	U	R	E	T	E	M	I	T	L	A	S	E
Z	Z	Y	S	I	Y	G	V	S	O	D	K	I	B	Q	Q	E	I	L
V	H	N	P	C	N	T	D	M	L	B	O	O	G	I	E	N	S	W
E	H	E	E	G	T	A	B	B	D	A	R	J	X	O	U	U	Y	O
S	H	S	N	S	P	N	M	N	S	S	D	X	U	Y	V	J	N	Z

HUFEISEN
PACKKARTE
ELLIPSE
FUNJUMP
DEBRIEFING

WAIVER
DACRONLINES
AIRFOIL
BOOGIE
ALTIMETER

Lösung

N	B	H	B	W	M	W	O	F	R	E	H	I	F	B	L	Z	D	Z
J	D	W	P	A	C	K	K	A	R	T	E	U	T	H	Y	M	P	F
S	X	H	L	B	X	G	Z	Q	G	R	G	N	J	X	T	O	Y	A
G	S	C	T	G	B	Q	H	U	F	E	I	S	E	N	F	J	D	T
Q	D	L	P	V	D	A	C	R	O	N	L	I	N	E	S	A	M	J
F	Z	M	L	W	E	S	D	T	R	F	G	R	R	L	I	F	C	U
Q	S	S	E	E	S	P	I	L	L	E	Z	U	Z	R	D	T	W	Q
P	V	F	T	D	Q	D	K	X	S	N	I	Y	F	J	E	Y	H	M
W	A	I	V	E	R	J	D	U	I	V	L	O	H	O	B	J	C	A
B	C	Z	O	T	N	X	F	W	Z	R	I	L	C	R	R	L	L	T
N	R	V	R	F	L	T	U	C	D	L	Y	L	K	T	I	Q	O	F
F	N	X	M	W	S	Y	N	V	W	K	O	F	D	L	E	U	M	E
A	Y	M	R	S	R	Z	J	A	Q	D	L	Y	N	E	F	F	I	P
G	T	W	D	W	V	W	U	Q	N	K	C	V	Z	A	I	F	X	Y
K	S	I	X	P	S	E	M	R	A	X	Q	G	D	L	N	P	K	P
J	N	K	H	Z	Q	G	P	N	R	O	B	M	X	W	G	X	U	N
P	T	V	I	H	L	U	T	N	C	M	Y	J	A	L	H	G	G	F
P	H	A	V	W	P	W	H	J	Z	T	B	J	J	E	K	K	O	Y
S	T	W	C	L	C	U	L	E	I	P	Y	L	R	U	H	T	V	O
C	A	O	R	E	W	X	U	R	E	T	E	M	I	T	L	A	S	E
Z	Z	Y	S	I	Y	G	V	S	O	D	K	I	B	Q	Q	E	I	L
V	H	N	P	C	N	T	D	M	L	B	O	O	G	I	E	N	S	W
E	H	E	E	G	T	A	B	B	D	A	R	J	X	O	U	U	Y	O
S	H	S	N	S	P	N	M	N	S	S	D	X	U	Y	V	J	N	Z

C	W	E	W	D	Z	E	J	W	I	Q	L	E	G	D	G	M	E	U
P	U	L	L	O	U	T	R	C	J	V	C	H	J	T	Q	Z	O	P
N	Y	E	S	T	C	H	V	D	X	I	A	P	R	R	C	W	S	H
R	V	P	Z	I	I	R	D	F	X	R	L	E	E	E	V	O	E	M
Z	E	L	L	E	W	O	Q	C	D	N	E	J	M	I	H	H	D	O
M	C	S	C	R	J	U	Z	W	T	D	U	F	T	Q	A	J	W	P
Z	H	E	L	K	F	X	A	V	T	M	J	Q	B	M	J	P	P	R
S	K	N	T	B	N	R	Z	G	P	P	H	R	E	I	N	H	E	M
D	I	R	N	A	E	O	D	I	A	O	E	R	H	R	R	S	A	E
M	O	M	S	X	R	Y	T	T	P	C	O	J	R	Y	L	R	H	Q
N	F	V	J	U	N	L	C	S	O	D	P	B	R	Y	I	N	W	A
U	Z	I	O	R	G	H	L	V	W	D	B	H	P	A	R	Y	L	Q
Z	S	Y	X	Y	F	G	E	A	J	U	M	P	M	A	S	T	E	R
Z	I	M	X	M	S	R	W	X	F	N	A	L	J	V	R	P	B	S
X	S	V	Q	J	Y	P	M	A	L	Y	U	D	T	T	Z	W	K	M
X	P	Q	C	E	B	B	R	Z	W	Y	O	V	W	I	K	U	F	X
F	G	W	Y	H	H	M	X	L	E	F	T	L	T	S	M	Y	P	I
B	K	T	A	P	P	R	O	V	E	D	N	V	A	S	E	M	S	F
W	Q	M	V	P	F	T	A	G	J	A	L	Z	L	Q	V	A	Z	P
B	I	Q	L	M	V	R	U	K	H	N	Q	J	U	I	D	E	P	V
Y	V	T	P	M	Q	R	W	I	K	O	K	U	U	N	U	D	O	A
L	D	J	E	F	I	S	M	Z	U	Y	P	J	O	Z	U	E	R	K
J	S	P	E	O	R	J	G	C	G	G	Y	E	I	W	N	D	X	J
Q	K	F	U	L	H	C	R	J	J	P	V	Z	P	Z	L	O	C	T

JUMPMASTER	ZELLE
PULLOUT	FALLRATE
PATCH	REJUMP
RECOVERY	APPROVED
KNOTS	HARDWARE

Lösung

C	W	E	W	D	Z	E	J	W	I	Q	L	E	G	D	G	M	E	U
P	U	L	L	O	U	T	R	C	J	V	C	H	J	T	Q	Z	O	P
N	Y	E	S	T	C	H	V	D	X	I	A	P	R	R	C	W	S	H
R	V	P	Z	I	I	R	D	F	X	R	L	E	E	E	V	O	E	M
Z	E	L	L	E	W	O	Q	C	D	N	E	J	M	I	H	H	D	O
M	C	S	C	R	J	U	Z	W	T	D	U	F	T	Q	A	J	W	P
Z	H	E	L	K	F	X	A	V	T	M	J	Q	B	M	J	P	P	R
S	K	N	T	B	N	R	Z	G	P	P	H	R	E	I	N	H	E	M
D	I	R	N	A	E	O	D	I	A	O	E	R	H	R	R	S	A	E
M	O	M	S	X	R	Y	T	T	P	C	O	J	R	Y	L	R	H	Q
N	F	V	J	U	N	L	C	S	O	D	P	B	R	Y	I	N	W	A
U	Z	I	O	R	G	H	L	V	W	D	B	H	P	A	R	Y	L	Q
Z	S	Y	X	Y	F	G	E	A	J	U	M	P	M	A	S	T	E	R
Z	I	M	X	M	S	R	W	X	F	N	A	L	J	V	R	P	B	S
X	S	V	Q	J	Y	P	M	A	L	Y	U	D	T	T	Z	W	K	M
X	P	Q	C	E	B	B	R	Z	W	Y	O	V	W	I	K	U	F	X
F	G	W	Y	H	H	M	X	L	E	F	T	L	T	S	M	Y	P	I
B	K	T	A	P	P	R	O	V	E	D	N	V	A	S	E	M	S	F
W	Q	M	V	P	F	T	A	G	J	A	L	Z	L	Q	V	A	Z	P
B	I	Q	L	M	V	R	U	K	H	N	Q	J	U	I	D	E	P	V
Y	V	T	P	M	Q	R	W	I	K	O	K	U	U	N	U	D	O	A
L	D	J	E	F	I	S	M	Z	U	Y	P	J	O	Z	U	E	R	K
J	S	P	E	O	R	J	G	C	G	G	Y	E	I	W	N	D	X	J
Q	K	F	U	L	H	C	R	J	J	P	V	Z	P	Z	L	O	C	T

I	S	G	R	G	T	I	F	B	U	D	V	Y	G	V	A	T	H	D
S	H	G	X	H	X	F	L	F	A	R	X	X	H	S	G	A	G	L
B	I	T	V	O	X	C	I	Z	G	I	Y	V	Y	T	V	B	B	I
A	V	R	E	Y	U	V	X	G	U	F	N	W	I	O	K	G	A	V
V	U	T	V	E	H	K	P	S	Q	Z	A	E	B	A	U	S	A	W
K	Y	Q	H	K	D	L	N	A	I	M	F	L	L	O	H	X	E	E
K	E	W	C	V	E	O	L	E	H	S	R	V	L	E	Y	O	A	J
S	K	B	P	A	Y	X	S	U	P	L	H	E	G	N	O	G	H	N
U	E	U	I	V	E	D	R	P	P	Y	R	R	V	I	H	E	Q	M
Y	G	H	L	K	R	W	V	F	V	D	I	B	N	L	X	D	T	G
I	H	L	Q	K	Q	D	J	O	Y	F	R	I	V	C	F	O	J	N
N	Z	Z	Q	T	V	P	A	L	F	B	P	A	I	I	D	T	V	C
I	H	D	F	L	A	R	E	L	O	S	E	U	H	T	Y	I	H	H
R	K	S	L	U	N	C	E	D	E	B	W	D	D	A	W	Z	Q	T
A	B	V	M	H	C	I	S	D	U	T	X	X	L	T	Q	S	Z	B
U	Y	G	C	N	S	C	I	N	E	O	H	P	B	S	L	N	J	P
W	P	X	Y	T	U	S	G	U	D	V	E	M	A	F	W	M	G	G
I	K	T	E	T	H	E	Q	L	E	E	P	B	L	R	V	A	M	K
W	Z	N	A	M	E	P	B	M	K	K	T	O	N	U	A	T	X	F
S	U	W	D	M	S	J	J	Q	E	G	M	X	S	B	C	Z	G	T
P	A	S	Q	M	E	B	M	O	L	P	Q	U	D	I	T	B	Q	F
Y	O	M	Y	E	E	Q	F	J	T	P	K	T	S	W	E	Y	U	F
U	F	I	H	C	I	E	E	D	I	L	S	D	R	V	A	R	U	K
Q	I	Z	N	C	Z	C	J	Q	L	E	X	Q	V	S	S	A	S	P

PLOMBE
KEY
GRIFFLEISTEN
SIDESPIN
STATICLINE
CUTAWAY
SLIDE
BUNGEE
FLARE
HARDPULL

Lösung

I	S	G	R	G	T	I	F	B	U	D	V	Y	G	V	A	T	H	D
S	H	G	X	H	X	F	L	F	A	R	X	X	H	S	G	A	G	L
B	I	T	V	O	X	C	I	Z	G	I	Y	V	Y	T	V	B	B	I
A	V	R	E	Y	U	V	X	G	U	F	N	W	I	O	K	G	A	V
V	U	T	V	E	H	K	P	S	Q	Z	A	E	B	A	U	S	A	W
K	Y	Q	H	K	D	L	N	A	I	M	F	L	L	O	H	X	E	E
K	E	W	C	V	E	O	L	E	H	S	R	V	L	E	Y	O	A	J
S	K	B	P	A	Y	X	S	U	P	L	H	E	G	N	O	G	H	N
U	E	U	I	V	E	D	R	P	P	Y	R	R	V	I	H	E	Q	M
Y	G	H	L	K	R	W	V	F	V	D	I	B	N	L	X	D	T	G
I	H	L	Q	K	Q	D	J	O	Y	F	R	I	V	C	F	O	J	N
N	Z	Z	Q	T	V	P	A	L	F	B	P	A	I	I	D	T	V	C
I	H	D	F	L	A	R	E	L	O	S	E	U	H	T	Y	I	H	H
R	K	S	L	U	N	C	E	D	E	B	W	D	D	A	W	Z	Q	T
A	B	V	M	H	C	I	S	D	U	T	X	X	L	T	Q	S	Z	B
U	Y	G	C	N	S	C	I	N	E	O	H	P	B	S	L	N	J	P
W	P	X	Y	T	U	S	G	U	D	V	E	M	A	F	W	M	G	G
I	K	T	E	T	H	E	Q	L	E	E	P	B	L	R	V	A	M	K
W	Z	N	A	M	E	P	B	M	K	K	T	O	N	U	A	T	X	F
S	U	W	D	M	S	J	J	Q	E	G	M	X	S	B	C	Z	G	T
P	A	S	Q	M	E	B	M	O	L	P	Q	U	D	I	T	B	Q	F
Y	O	M	Y	E	E	Q	F	J	T	P	K	T	S	W	E	Y	U	F
U	F	I	H	C	I	E	E	D	I	L	S	D	R	V	A	R	U	K
Q	I	Z	N	C	Z	C	J	Q	L	E	X	Q	V	S	S	A	S	P

Q	O	S	Q	C	A	P	L	S	G	L	N	Y	D	S	S	R	Z	Z
J	E	U	Y	G	R	Y	C	F	S	G	D	O	A	O	Q	N	S	J
L	N	K	W	G	T	M	A	J	R	O	O	D	L	O	N	Z	V	W
H	O	R	I	S	E	R	C	B	C	G	X	B	T	E	I	S	I	T
L	V	V	S	I	V	R	Y	L	G	Q	R	M	X	D	E	W	K	G
N	A	T	B	X	C	K	Z	I	M	G	I	X	M	T	I	K	E	F
G	S	R	L	A	O	K	Q	S	Y	D	H	F	L	R	T	T	D	R
Y	I	V	O	I	W	W	A	B	Y	N	X	I	N	J	S	Y	K	X
P	M	O	R	Q	K	P	C	G	A	U	Y	Q	S	Y	Q	W	P	F
P	Z	B	E	F	I	L	O	M	N	M	B	I	X	F	X	C	G	M
S	N	H	F	C	H	A	O	A	H	T	E	G	G	S	P	Q	H	U
N	U	A	C	X	H	H	L	W	I	R	G	O	W	D	B	B	Z	D
P	D	D	B	M	J	C	B	D	K	V	J	F	T	C	T	B	I	D
S	N	V	H	G	W	K	D	L	L	G	Q	D	F	F	W	V	E	F
V	B	I	X	D	I	F	E	A	R	U	O	S	E	V	E	U	R	P
A	H	S	Z	T	X	I	W	L	P	Q	N	O	N	K	O	E	Q	C
N	I	O	N	N	Z	X	N	U	P	O	X	L	J	J	F	P	I	Z
A	X	R	B	B	P	Q	Z	F	P	K	N	S	K	U	Y	G	U	S
F	X	Y	T	F	O	L	M	H	G	C	O	N	T	A	I	N	E	R
C	H	E	C	K	I	N	T	S	C	Q	E	B	Z	Z	B	S	W	V
P	R	O	C	E	D	U	R	E	Y	B	Z	L	J	Q	L	M	K	Q
R	K	B	J	J	J	O	E	P	O	X	M	B	K	Y	A	R	N	B
Q	B	A	U	S	N	S	C	H	V	J	N	P	R	A	X	E	Z	F
P	I	S	U	V	P	J	Y	E	F	I	N	K	K	O	O	H	G	J

RISER
DOORJAM
CHECKIN
ADVISORY
ZIELKREIS

DIVE
HOOKKNIFE
PROCEDURE
CONTAINER
LOFT

Lösung

Q	O	S	Q	C	A	P	L	S	G	L	N	Y	D	S	S	R	Z	Z
J	E	U	Y	G	R	Y	C	F	S	G	D	O	A	O	Q	N	S	J
L	N	K	W	G	T	M	A	J	R	O	O	D	L	O	N	Z	V	W
H	O	R	I	S	E	R	C	B	C	G	X	B	T	E	I	S	I	T
L	V	V	S	I	V	R	Y	L	G	Q	R	M	X	D	E	W	K	G
N	A	T	B	X	C	K	Z	I	M	G	I	X	M	T	I	K	E	F
G	S	R	L	A	O	K	Q	S	Y	D	H	F	L	R	T	T	D	R
Y	I	V	O	I	W	W	A	B	Y	N	X	I	N	J	S	Y	K	X
P	M	O	R	Q	K	P	C	G	A	U	Y	Q	S	Y	Q	W	P	F
P	Z	B	E	F	I	L	O	M	N	M	B	I	X	F	X	C	G	M
S	N	H	F	C	H	A	O	A	H	T	E	G	G	S	P	Q	H	U
N	U	A	C	X	H	H	L	W	I	R	G	O	W	D	B	B	Z	D
P	D	D	B	M	J	C	B	D	K	V	J	F	T	C	T	B	I	D
S	N	V	H	G	W	K	D	L	L	G	Q	D	F	F	W	V	E	F
V	B	I	X	D	I	F	E	A	R	U	O	S	E	V	E	U	R	P
A	H	S	Z	T	X	I	W	L	P	Q	N	O	N	K	O	E	Q	G
N	I	O	N	N	Z	X	N	U	P	O	X	L	J	J	F	P	I	Z
A	X	R	B	B	P	Q	Z	F	P	K	N	S	K	U	Y	G	U	S
F	X	Y	T	F	O	L	M	H	G	C	O	N	T	A	I	N	E	R
C	H	E	C	K	I	N	T	S	C	Q	E	B	Z	Z	B	S	W	V
P	R	O	C	E	D	U	R	E	Y	B	Z	L	J	Q	L	M	K	Q
R	K	B	J	J	J	O	E	P	O	X	M	B	K	Y	A	R	N	B
Q	B	A	U	S	N	S	C	H	V	J	N	P	R	A	X	E	Z	F
P	I	S	U	V	P	J	Y	E	F	I	N	K	K	O	O	H	G	J

N	A	Z	W	O	S	X	Q	I	W	J	I	N	K	H	R	U	H	L
R	B	J	B	N	X	W	N	L	C	J	A	N	V	O	G	E	W	N
B	Y	J	X	R	K	W	N	T	V	K	C	L	E	A	A	R	Z	X
O	M	A	V	Z	Y	U	Q	P	X	Y	U	J	D	D	J	I	Y	O
S	W	D	X	Y	B	K	T	S	D	X	J	Z	I	A	M	K	X	Y
B	F	N	X	G	H	J	I	Z	X	A	Z	N	L	T	O	A	U	D
E	M	A	M	D	T	B	U	O	X	R	G	D	S	D	H	R	X	B
C	G	O	N	F	T	I	M	W	U	V	Q	G	K	U	I	K	B	B
H	Q	B	Q	W	X	D	S	Y	O	C	I	T	C	R	U	F	B	P
M	T	B	D	N	Z	O	O	B	I	U	O	Z	A	S	D	H	P	O
X	F	L	O	Q	Q	R	D	S	K	G	H	H	B	M	P	E	R	H
A	G	W	L	S	E	Y	Q	O	N	D	T	M	T	H	V	H	S	I
H	O	S	C	G	R	I	N	I	N	W	Y	D	Z	J	G	V	P	C
R	E	G	G	C	W	L	T	P	H	E	N	U	T	G	Q	X	N	N
G	M	I	D	M	B	A	I	Z	F	Q	A	Z	O	M	A	F	H	W
Y	R	E	I	R	R	E	O	R	G	A	N	I	Z	E	R	B	O	A
U	E	G	F	L	E	G	S	T	R	A	P	G	T	S	O	F	E	W
A	D	A	L	X	K	H	I	E	L	F	A	R	B	A	W	P	R	I
G	L	L	A	O	B	K	A	E	N	N	S	T	N	B	S	M	E	Z
Z	B	-	S	S	L	E	E	V	E	Q	T	N	O	B	C	U	Q	Y
J	W	X	H	H	V	N	V	D	B	L	V	B	A	M	F	H	L	W
Z	T	B	Y	R	J	L	O	N	W	I	Z	J	X	P	H	L	O	I
L	S	L	O	O	X	C	D	V	T	I	O	I	I	Y	T	I	B	J
O	J	U	J	Q	C	Z	R	C	F	H	J	S	Z	V	Y	V	Z	E

RATING
LEGSTRAP
SLEEVE
RIGGER
HEADING

SNAP
ORGANIZER
X-LAGE
FLASH
BACKSLIDE

Lösung

N	A	Z	W	O	S	X	Q	I	W	J	I	N	K	H	R	U	H	L
R	B	J	B	N	X	W	N	L	C	J	A	N	V	O	G	E	W	N
B	Y	J	X	R	K	W	N	T	V	K	C	L	E	A	A	R	Z	X
O	M	A	V	Z	Y	U	Q	P	X	Y	U	J	D	D	J	I	Y	O
S	W	D	X	Y	B	K	T	S	D	X	J	Z	I	A	M	K	X	Y
B	F	N	X	G	H	J	I	Z	X	A	Z	N	L	T	O	A	U	D
E	M	A	M	D	T	B	U	O	X	R	G	D	S	D	H	R	X	B
C	G	O	N	F	T	I	M	W	U	V	Q	G	K	U	I	K	B	B
H	Q	B	Q	W	X	D	S	Y	O	C	I	T	C	R	U	F	B	P
M	T	B	D	N	Z	O	O	B	I	U	O	Z	A	S	D	H	P	O
X	F	L	O	Q	Q	R	D	S	K	G	H	H	B	M	P	E	R	H
A	G	W	L	S	E	Y	Q	O	N	D	T	M	T	H	V	H	S	I
H	O	S	C	G	R	I	N	I	N	W	Y	D	Z	J	G	V	P	C
R	E	G	G	C	W	L	T	P	H	E	N	U	T	G	Q	X	N	N
G	M	I	D	M	B	A	I	Z	F	Q	A	Z	O	M	A	F	H	W
Y	R	E	I	R	R	E	O	R	G	A	N	I	Z	E	R	B	O	A
U	E	G	F	L	E	G	S	T	R	A	P	G	T	S	O	F	E	W
A	D	A	L	X	K	H	I	E	L	F	A	R	B	A	W	P	R	I
G	L	L	A	O	B	K	A	E	N	N	S	T	N	B	S	M	E	Z
Z	B	-	S	S	L	E	E	V	E	Q	T	N	O	B	C	U	Q	Y
J	W	X	H	H	V	N	V	D	B	L	V	B	A	M	F	H	L	W
Z	T	B	Y	R	J	L	O	N	W	I	Z	J	X	P	H	L	O	I
L	S	L	O	O	X	C	D	V	T	I	O	I	I	Y	T	I	B	J
O	J	U	J	Q	C	Z	R	C	F	H	J	S	Z	V	Y	V	Z	E

F I I B Q T R W Z M X O I Q P F X R R
W S N K X Q X J D A J P K F O I D M F
H E H P S B P Z H I P U D L L E E O K
P D P R O Z Z H L G H E T X O J Q K N
H A S R B Q T J Q I L M P X S O S P J
X L W C O N B C R C N L A G C F A N J
S B C W Y P Z T B A J M D L N O T H C
W R I D Q N A K C A R T A U G C A F W
J I C N M A W C K A S Y U D C S W P U
T A E I M S M C K R R T Q A W F C V A
Q P S W J U A L L T C U O T T Z Q H D
A H D Z C P W H Y I M C W B B T Q Y L
X X J Y E U G Z Y G L O B S W Z Z L Z
X A A D B R A K E S E T T I N G C B Y
G X I Y O B T D E N G T V M F D P A F
F S J X L X B L K Q E J T I D R A C S
D W L Y A J T D V U Z O M X H F Y K P
N L O I N V E Y F L Z G J D R X P R P
O K S J D B A S U Q B B Y Z C H F I T
F A B S E N R T Q Z G G D Z B H M S I
H K P N F D D I H Q U F X A C H F E D
G K Z E A D V A N C E D S A F O Y R G
M X F S L T Z Y X L P I R G L J U V V
Q D J Z L I A M S Q S H D A P U F E J

11

ADVANCED
BRAKESETTING
WIND
TRACK
SIDEPACK

LANDEFALL
PROPACK
AIRBLADES
BACKRISER
BASIS

Lösung

F	I	I	B	Q	T	R	W	Z	M	X	O	I	Q	P	F	X	R	R
W	S	N	K	X	Q	X	J	D	A	J	P	K	F	O	I	D	M	F
H	E	H	P	S	B	P	Z	H	I	P	U	D	L	L	E	E	O	K
P	D	P	R	O	Z	Z	H	L	G	H	E	T	X	O	J	Q	K	N
H	A	S	R	B	Q	T	J	Q	I	L	M	P	X	S	O	S	P	J
X	L	W	C	O	N	B	C	R	C	N	L	A	G	C	F	A	N	J
S	B	C	W	Y	P	Z	T	B	A	J	M	D	L	N	O	T	H	C
W	R	I	D	Q	N	A	K	C	A	R	T	A	U	G	C	A	F	W
J	I	C	N	M	A	W	C	K	A	S	Y	U	D	C	S	W	P	U
T	A	E	I	M	S	M	C	K	R	R	T	Q	A	W	F	C	V	A
Q	P	S	W	J	U	A	L	L	T	C	U	O	T	T	Z	Q	H	D
A	H	D	Z	C	P	W	H	Y	I	M	C	W	B	B	T	Q	Y	L
X	X	J	Y	E	U	G	Z	Y	G	L	O	B	S	W	Z	Z	L	Z
X	A	A	D	B	R	A	K	E	S	E	T	T	I	N	G	C	B	Y
G	X	I	Y	O	B	T	D	E	N	G	T	V	M	F	D	P	A	F
F	S	J	X	L	X	B	L	K	Q	E	J	T	I	D	R	A	C	S
D	W	L	Y	A	J	T	D	V	U	Z	O	M	X	H	F	Y	K	P
N	L	O	I	N	V	E	Y	F	L	Z	G	J	D	R	X	P	R	P
O	K	S	J	D	B	A	S	U	Q	B	B	Y	Z	C	H	F	I	T
F	A	B	S	E	N	R	T	Q	Z	G	G	D	Z	B	H	M	S	I
H	K	P	N	F	D	D	I	H	Q	U	F	X	A	C	H	F	E	D
G	K	Z	E	A	D	V	A	N	C	E	D	S	A	F	O	Y	R	G
M	X	F	S	L	T	Z	Y	X	L	P	I	R	G	L	J	U	V	V
Q	D	J	Z	L	I	A	M	S	Q	S	H	D	A	P	U	F	E	J

C	M	C	S	H	E	Y	T	M	W	S	P	V	P	F	I	F	Y	V
S	Z	N	D	R	P	O	Q	C	X	R	J	L	G	Z	Z	D	D	Z
S	J	V	D	N	L	V	O	L	N	F	Z	Z	C	F	K	S	S	N
H	V	Q	F	J	M	B	Y	W	A	Y	Z	L	D	R	A	O	B	E
Y	P	P	J	F	U	H	F	K	O	C	A	T	O	X	K	N	Y	N
O	T	M	Z	N	I	X	K	T	K	N	A	W	I	A	E	P	B	I
J	D	L	I	F	W	O	Z	X	U	M	D	Y	U	J	E	A	G	E
K	X	S	K	Q	F	M	G	S	B	U	E	U	E	Q	S	R	A	L
B	K	P	A	Q	P	L	I	W	X	C	H	T	C	E	O	T	L	S
C	U	J	T	M	K	H	F	W	R	X	B	O	J	J	L	S	J	M
B	Q	E	O	D	P	S	N	I	D	C	N	U	N	T	F	T	G	E
D	D	M	E	G	S	L	Z	S	P	O	M	B	Y	J	M	S	D	R
R	L	S	R	J	E	B	C	B	R	P	H	S	I	L	L	E	M	B
L	U	C	B	V	F	A	K	B	U	F	O	E	T	Q	D	H	N	E
H	C	R	E	Y	X	Y	X	N	X	I	I	I	H	K	T	C	E	M
H	J	L	Q	M	T	N	P	D	K	G	I	T	E	H	L	J	T	P
N	T	Y	U	D	R	L	L	C	O	U	D	O	O	J	G	B	A	S
A	N	I	R	N	Y	Q	V	R	A	R	E	O	Y	O	C	C	O	E
G	F	A	L	B	D	L	J	M	Q	V	G	B	O	A	V	W	L	L
U	G	D	H	R	G	V	N	K	V	T	K	S	Y	A	T	V	F	G
M	P	D	E	H	G	O	C	V	M	Z	C	H	Z	R	L	O	X	G
W	G	F	G	X	Y	D	I	A	E	O	I	R	Z	E	Z	E	A	O
I	I	W	F	U	D	C	W	L	G	Y	N	F	G	Z	J	I	S	T
E	J	H	Y	L	I	J	B	L	P	N	G	O	H	V	K	K	W	T

12

FIGUR
BREMSLEINEN
BOOTIES
FLOATEN
BASEJUMP

CHESTSTRAP
LEVEL
DRAG
BOARD
TOGGLES

Lösung

C	M	C	S	H	E	Y	T	M	W	S	P	V	P	F	I	F	Y	V
S	Z	N	D	R	P	O	Q	C	X	R	J	L	G	Z	Z	D	D	Z
S	J	V	D	N	L	V	O	L	N	F	Z	Z	C	F	K	S	S	N
H	V	Q	F	J	M	B	Y	W	A	Y	Z	L	D	R	A	O	B	E
Y	P	P	J	F	U	H	F	K	O	C	A	T	O	X	K	N	Y	N
O	T	M	Z	N	I	X	K	T	K	N	A	W	I	A	E	P	B	I
J	D	L	I	F	W	O	Z	X	U	M	D	Y	U	J	E	A	G	E
K	X	S	K	Q	F	M	G	S	B	U	E	U	E	Q	S	R	A	L
B	K	P	A	Q	P	L	I	W	X	C	H	T	C	E	O	T	L	S
C	U	J	T	M	K	H	F	W	R	X	B	O	J	J	L	S	J	M
B	Q	E	O	D	P	S	N	I	D	C	N	U	N	T	F	T	G	E
D	D	M	E	G	S	L	Z	S	P	O	M	B	Y	J	M	S	D	R
R	L	S	R	J	E	B	C	B	R	P	H	S	I	L	L	E	M	B
L	U	C	B	V	F	A	K	B	U	F	O	E	T	Q	D	H	N	E
H	C	R	E	Y	X	Y	X	N	X	I	I	I	H	K	T	C	E	M
H	J	L	Q	M	T	N	P	D	K	G	I	T	E	H	L	J	T	P
N	T	Y	U	D	R	L	L	C	O	U	D	O	O	J	G	B	A	S
A	N	I	R	N	Y	Q	V	R	A	R	E	O	Y	O	C	C	O	E
G	F	A	L	B	D	L	J	M	Q	V	G	B	O	A	V	W	L	L
U	G	D	H	R	G	V	N	K	V	T	K	S	Y	A	T	V	F	G
M	P	D	E	H	G	O	C	V	M	Z	C	H	Z	R	L	O	X	G
W	G	F	G	X	Y	D	I	A	E	O	I	R	Z	E	Z	E	A	O
I	I	W	F	U	D	C	W	L	G	Y	N	F	G	Z	J	I	S	T
E	J	H	Y	L	I	J	B	L	P	N	G	O	H	V	K	K	W	T

S	S	P	T	V	Q	U	S	N	A	W	P	Q	L	Z	N	A	J	T
Y	Q	W	Y	V	U	X	P	F	R	O	N	T	R	I	S	E	R	G
I	T	T	A	P	E	H	Z	P	X	P	Q	R	T	X	B	B	R	Q
O	S	I	S	W	J	T	Q	B	E	A	Q	D	T	M	W	O	A	C
A	U	F	Z	I	E	H	L	E	I	N	E	Y	C	I	U	B	G	S
F	X	G	K	I	V	U	Y	K	K	E	M	Y	V	N	V	K	E	C
R	U	Y	D	T	R	J	U	O	U	P	V	A	D	P	I	T	H	C
R	I	H	W	J	E	V	R	X	A	O	X	S	V	C	M	B	S	V
Z	G	F	F	X	O	F	K	W	C	J	P	C	K	D	C	V	U	Z
Z	R	C	W	W	I	X	C	R	T	E	Q	Q	F	A	C	F	H	Q
C	V	O	H	Z	Z	K	Q	K	E	S	D	Z	N	L	L	D	J	L
J	X	Q	Z	B	V	I	O	D	E	P	A	O	F	G	A	S	F	Y
L	H	R	S	K	R	D	D	I	Q	H	P	L	O	N	J	P	Y	F
I	F	X	P	U	S	I	B	O	V	Y	U	I	B	J	Y	E	T	S
P	T	P	E	E	U	Z	E	K	H	T	W	D	V	P	F	V	Y	O
U	H	V	G	P	L	C	B	F	O	F	C	Q	J	U	O	A	L	C
A	R	Z	F	B	Y	Z	C	M	I	E	D	L	A	U	S	R	I	D
Y	W	H	F	W	D	L	O	C	L	N	L	T	H	T	B	V	P	I
M	U	G	O	Y	Z	I	V	X	E	W	G	L	R	V	E	L	R	H
B	K	V	E	C	F	C	A	E	R	H	S	A	J	D	C	W	H	L
X	T	Q	V	W	L	F	C	U	N	C	V	R	H	X	G	Q	C	M
D	A	F	A	G	E	U	C	Z	O	Y	R	A	V	W	Y	Q	D	V
J	E	X	W	E	S	V	G	X	M	K	Z	C	R	M	N	E	C	Y
X	L	E	I	U	V	O	Q	B	T	O	G	P	U	D	F	D	Z	Y

13

WAVEOFF
GROUNDSPEED
PROPBLAST
BRIEFING
ASTRA
TAPE
FRONTRISER
FLAP
AUFZIEHLEINE
CANOPY

Lösung

S S P T V Q U S N A W P Q L Z N A J T
Y Q W Y V U X P F R O N T R I S E R G
I T T A P E H Z P X P Q R T X B B R Q
O S I S W J T Q B E A Q D T M W O A C
A U F Z I E H L E I N E Y C I U B G S
F X G K I V U Y K K E M Y V N V K E C
R U Y D T R J U O U P V A D P I T H C
R I H W J E V R X A O X S V C M B S V
Z G F F X O F K W C J P C K D C V U Z
Z R C W W I X C R T E Q Q F A C F H Q
C V O H Z Z K Q K E S D Z N L L D J L
J X Q Z B V I O D E P A O F G A S F Y
L H R S K R D D I Q H P L O N J P Y F
I F X P U S I B O V Y U I B J Y E T S
P T P E E U Z E K H T W D V P F V Y O
U H V G P L C B F O F C Q J U O A L C
A R Z F B Y Z C M I E D L A U S R I D
Y W H F W D L O C L N L T H T B V P I
M U G O Y Z I V X E W G L R V E L R H
B K V E C F C A E R H S A J D C W H L
X T Q V W L F C U N C V R H X G Q C M
D A F A G E U C Z O Y R A V W Y Q D V
J E X W E S V G X M K Z C R M N E C Y
X L E I U V O Q B T O G P U D F D Z Y

Y	I	T	C	D	Z	D	R	G	B	B	J	R	K	Q	F	E	C	B
R	C	L	L	K	A	R	P	B	A	W	N	A	O	H	U	W	F	R
T	H	A	R	N	B	E	S	Y	Y	B	G	W	S	I	Z	T	K	H
Q	I	X	J	O	B	V	M	E	C	D	I	Z	B	O	G	O	Z	V
X	D	S	D	G	Y	O	A	K	S	V	N	R	I	C	Q	J	Q	L
H	D	E	G	W	T	E	L	C	M	A	U	E	I	N	W	Z	B	E
D	S	N	N	H	V	N	L	X	E	J	O	V	I	G	S	G	A	M
M	C	I	I	P	L	I	W	K	I	G	N	V	U	V	N	W	I	V
V	S	L	B	H	Y	L	T	V	B	P	U	Y	E	C	J	W	Q	Q
A	O	L	B	E	V	J	X	U	P	I	L	B	T	H	T	W	R	A
P	L	O	E	T	Z	J	D	Z	V	M	L	L	N	F	Z	T	Q	X
D	W	R	W	U	V	F	L	B	U	X	G	F	H	P	O	A	B	N
G	O	T	A	H	D	S	D	L	R	A	E	H	V	O	O	F	N	P
X	V	N	S	C	K	H	V	A	A	F	W	C	P	O	X	N	P	F
D	X	O	S	T	A	B	I	L	I	Z	E	R	Y	Q	R	P	H	J
X	O	C	S	O	H	Q	W	D	S	C	B	G	C	D	Y	K	E	P
Y	L	Z	B	L	U	E	O	A	W	A	E	N	A	T	T	I	H	T
C	E	K	J	I	N	G	A	X	T	D	U	Y	R	H	N	I	K	K
X	V	X	A	P	Y	P	L	D	P	Z	P	E	U	M	Y	U	I	G
X	I	B	W	K	M	E	Q	U	D	E	W	A	C	Q	W	G	N	P
B	N	R	S	W	G	U	J	V	B	O	Y	S	C	H	X	I	Z	E
P	S	K	P	I	A	U	U	T	U	F	W	D	A	M	C	W	E	O
J	M	X	N	D	T	A	X	M	O	Z	B	N	L	Q	F	D	A	V
K	R	D	P	G	E	T	D	P	D	Z	S	O	P	O	Y	N	Z	X

14

SKYGOD
CONTROLLINES
HEADDOWN
PILOTCHUTE
STABILIZER
LINEOVER
WEBBING
SNIVEL
ACCURACY
NULLGEWEBE

Lösung

Y	I	T	C	D	Z	D	R	G	B	B	J	R	K	Q	F	E	C	B
R	C	L	L	K	A	R	P	B	A	W	N	A	O	H	U	W	F	R
T	H	A	R	N	B	E	S	Y	Y	B	G	W	S	I	Z	T	K	H
Q	I	X	J	O	B	V	M	E	C	D	I	Z	B	O	G	O	Z	V
X	D	S	D	G	Y	O	A	K	S	V	N	R	I	C	Q	J	Q	L
H	D	E	G	W	T	E	L	C	M	A	U	E	I	N	W	Z	B	E
D	S	N	N	H	V	N	L	X	E	J	O	V	I	G	S	G	A	M
M	C	I	I	P	L	I	W	K	I	G	N	V	U	V	N	W	I	V
V	S	L	B	H	Y	L	T	V	B	P	U	Y	E	C	J	W	Q	Q
A	O	L	B	E	V	J	X	U	P	I	L	B	T	H	T	W	R	A
P	L	O	E	T	Z	J	D	Z	V	M	L	L	N	F	Z	T	Q	X
D	W	R	W	U	V	F	L	B	U	X	G	F	H	P	O	A	B	N
G	O	T	A	H	D	S	D	L	R	A	E	H	V	O	O	F	N	P
X	V	N	S	C	K	H	V	A	A	F	W	C	P	O	X	N	P	F
D	X	O	S	T	A	B	I	L	I	Z	E	R	Y	Q	R	P	H	J
X	O	C	S	O	H	Q	W	D	S	C	B	G	C	D	Y	K	E	P
Y	L	Z	B	L	U	E	O	A	W	A	E	N	A	T	T	I	H	T
C	E	K	J	I	N	G	A	X	T	D	U	Y	R	H	N	I	K	K
X	V	X	A	P	Y	P	L	D	P	Z	P	E	U	M	Y	U	I	G
X	I	B	W	K	M	E	Q	U	D	E	W	A	C	Q	W	G	N	P
B	N	R	S	W	G	U	J	V	B	O	Y	S	C	H	X	I	Z	E
P	S	K	P	I	A	U	U	T	U	F	W	D	A	M	C	W	E	O
J	M	X	N	D	T	A	X	M	O	Z	B	N	L	Q	F	D	A	V
K	R	D	P	G	E	T	D	P	D	Z	S	O	P	O	Y	N	Z	X

X	R	V	W	M	J	N	T	E	C	B	A	G	Y	B	I	Y	P	N
M	Z	P	M	B	W	E	R	N	B	U	B	D	A	J	L	B	J	B
D	B	G	R	N	E	L	N	I	Q	N	D	E	H	J	H	Z	X	K
I	U	T	W	F	H	O	I	L	L	D	X	E	N	Y	I	C	P	X
V	K	M	H	S	I	S	F	G	M	A	P	P	Z	Z	R	R	L	U
E	W	P	K	X	F	L	R	N	D	Q	M	S	Q	U	Q	E	T	Q
L	A	U	E	Y	Q	B	E	I	G	E	D	R	C	W	B	F	L	O
O	D	T	M	Z	F	F	E	R	N	X	K	I	I	D	X	R	G	H
O	U	K	C	P	G	O	S	E	U	F	Y	A	T	Q	K	E	Y	O
P	Z	T	R	Z	T	E	T	E	D	O	S	P	S	D	P	S	S	B
S	G	M	O	G	H	S	Y	T	A	W	R	R	V	D	A	H	L	E
I	Z	D	S	U	B	X	L	S	L	X	I	S	Z	P	U	E	K	V
E	N	Z	S	W	Y	Q	E	Z	N	E	B	P	I	B	J	R	Y	I
Q	J	I	W	Z	A	F	V	V	E	M	O	I	C	L	R	W	Y	E
Y	M	Y	I	Z	O	W	K	P	S	X	R	B	X	G	B	Y	E	G
B	Y	H	N	E	M	O	A	N	S	F	T	F	A	R	W	W	U	Z
M	V	X	D	P	Y	I	K	Q	U	W	U	C	W	T	L	D	S	Y
T	D	B	I	D	B	Y	W	Q	A	T	F	C	X	G	W	O	O	H
W	Q	U	U	O	D	Y	I	X	Z	U	K	N	S	T	F	D	F	J
U	Y	E	C	K	L	C	F	Z	V	F	S	Q	V	H	E	C	H	T
M	F	A	Y	W	J	U	H	L	I	F	T	J	V	J	T	J	W	P
D	A	T	J	O	P	T	X	A	N	C	G	W	H	R	R	X	C	J
E	H	C	S	R	E	S	P	A	N	D	E	X	W	O	O	L	K	Y
P	K	Q	Y	Z	Q	F	T	E	F	C	S	T	K	I	P	S	U	U

15

FREESTYLE
CROSSWIND
STEERINGLINE
AIRSPEED
REFRESHER

AUSSENLADUNG
DIVELOOPS
BAG
SPANDEX
LIFT

Lösung

X R V W M J N T E C B A G Y B I Y P N
M Z P M B W E R N B U B D A J L B J B
D B G R N E L N I Q N D E H J H Z X K
I U T W F H O I L L D X E N Y I C P X
V K M H S I S F G M A P P Z Z R R L U
E W P K X F L R N D Q M S Q U Q E T Q
L A U E Y Q B E I G E D R C W B F L O
O D T M Z F F E R N X K I I D X R G H
O U K C P G O S E U F Y A T Q K E Y O
P Z T R Z T E T E D O S P S D P S S B
S G M O G H S Y T A W R R V D A H L E
I Z D S U B X L S L X I S Z P U E K V
E N Z S W Y Q E Z N E B P I B J R Y I
Q J I W Z A F V V E M O I C L R W Y E
Y M Y I Z O W K P S X R B X G B Y E G
B Y H N E M O A N S F T F A R W W U Z
M V X D P Y I K Q U W U C W T L D S Y
T D B I D B Y W Q A T F C X G W O O H
W Q U U O D Y I X Z U K N S T F D F J
U Y E C K L C F Z V F S Q V H E C H T
M F A Y W J U H L I F T J V J T J W P
D A T J O P T X A N C G W H R R X C J
E H C S R E S P A N D E X W O O L K Y
P K Q Y Z Q F T E F C S T K I P S U U

V B S P E E D S T A R O L V U A Y U E
E O Z P W A B S E T Z P U N K T Y H Q
X E M Z Z G F M C P Q K H F H L E W E
I P C L R J W J O K N I I C P F W C N
T O I K S K Y O J O V A D P D E I D C
O W O H D G K G H T E P T L Z W C I L
R H O A H S E I F R O N T L O O P Q R
D O D P W Y O G B Z L V Y V O U N X Q
E M Q F X L Q Z C E N T E R L I N E S
R U M I Z Q Q P S H K B V G G S I B G
G T U D N E R A F Z I E T S O V A R O
W D I V S N K H W B L U Y V M O L N C
A X G L E I T W I N K E L S V T J A Q
Q J K T S E J Q H R N O G C E X K K U
E Z X T I B B I D N T H B N L C M M C
B Z Z M J K J G T E T E L F B U H G S
D N C X N G Y H H W W H F S K L M Z J
U I D O V K E V Z H Z X R T X N P N T
S N N H B P I K H N B A M E I B T K P
K F A Q O B A G L O C K W L G P N Y N
P Z L O K Q Q Y Q S I T F G C D Q X U
J M L Q F B A Q C Y R S L N Q D H Z E
S R X G J F Z E L J Q K K I I A R F I
S V X D I D R O P Z O N E W Y L V G S

16

LOOP
DROPZONE
EXITORDER
WINGLETS
CENTERLINES

BAGLOCK
ABSETZPUNKT
SPEEDSTAR
GLEITWINKEL
FRONTLOOP

Lösung

V	B	S	P	E	E	D	S	T	A	R	O	L	V	U	A	Y	U	E
E	O	Z	P	W	A	B	S	E	T	Z	P	U	N	K	T	Y	H	Q
X	E	M	Z	Z	G	F	M	C	P	Q	K	H	F	H	L	E	W	E
I	P	C	L	R	J	W	J	O	K	N	I	I	C	P	F	W	C	N
T	O	I	K	S	K	Y	O	J	O	V	A	D	P	D	E	I	D	C
O	W	O	H	D	G	K	G	H	T	E	P	T	L	Z	W	C	I	L
R	H	O	A	H	S	E	I	F	R	O	N	T	L	O	O	P	Q	R
D	O	D	P	W	Y	O	G	B	Z	L	V	Y	V	O	U	N	X	Q
E	M	Q	F	X	L	Q	Z	C	E	N	T	E	R	L	I	N	E	S
R	U	M	I	Z	Q	Q	P	S	H	K	B	V	G	G	S	I	B	G
G	T	U	D	N	E	R	A	F	Z	I	E	T	S	O	V	A	R	O
W	D	I	V	S	N	K	H	W	B	L	U	Y	V	M	O	L	N	C
A	X	G	L	E	I	T	W	I	N	K	E	L	S	V	T	J	A	Q
Q	J	K	T	S	E	J	Q	H	R	N	O	G	C	E	X	K	K	U
E	Z	X	T	I	B	B	I	D	N	T	H	B	N	L	C	M	M	C
B	Z	Z	M	J	K	J	G	T	E	T	E	L	F	B	U	H	G	S
D	N	C	X	N	G	Y	H	H	W	W	H	F	S	K	L	M	Z	J
U	I	D	O	V	K	E	V	Z	H	Z	X	R	T	X	N	P	N	T
S	N	N	H	B	P	I	K	H	N	B	A	M	E	I	B	T	K	P
K	F	A	Q	O	B	A	G	L	O	C	K	W	L	G	P	N	Y	N
P	Z	L	O	K	Q	Q	Y	Q	S	I	T	F	G	C	D	Q	X	U
J	M	L	Q	F	B	A	Q	C	Y	R	S	L	N	Q	D	H	Z	E
S	R	X	G	J	F	Z	E	L	J	Q	K	K	I	I	A	R	F	I
S	V	X	D	I	D	R	O	P	Z	O	N	E	W	Y	L	V	G	S

A P T F E P I N N S B X Y S I Z L C Q

I N I K T A T C U D O A M D A B L R T

A J P J Z C J O F O X A Z B U P T H T

T C V J S K C D K C N K C I T N F O W

E B Z F R B A T S D M Z W A W H Y L R

Q P D H G A B M A W E N S J H R B Q Q

V X D A U N E T J L X K O U K X Q K V

G I Q J J D O E L D J M I D Z A C H W

S C Z O E R V U G T D B T H Y M F C I

K T E D Y G P H F Q F A F Q M A U J Y

X F A K G W L Q K J Z T T X T T O P L

M G M C O U O D C E X K I A N V Y A Z

H F R L C Q R D X H Z V L B T U V A X

W Y I G I C Q M M A X I T M I J U N X

I D H K J M U A M D T T R N C Q Z S J

X T C E T X X E S Y A H A E A H R S S

Q B S E S G U L O K V C G N N S P X F

B M S D E I L G S W H A E I W L O I P

Z Y F A F N J U P M Z F G E T X M J K

L R L C I Q F R N E Z H U L H B G D Y

K T I S N H W Z B I G K R G O R D P D

O F H A A O I P F E P C T N K Q U I H

S W J C M Y Q Q H B X S C A J N Z X S

H J F I U R M F Z U A Q M F H Q D H H

17

MANDATORY

HILFSSCHIRM

FATALITY

CASCADE

TRAGEGURT

FANGLEINEN

LOWPULL

PACKBAND

SPIN

MANIFEST

Lösung

A	P	T	F	E	P	I	N	N	S	B	X	Y	S	I	Z	L	C	Q
I	N	I	K	T	A	T	C	U	D	O	A	M	D	A	B	L	R	T
A	J	P	J	Z	C	J	O	F	O	X	A	Z	B	U	P	T	H	T
T	C	V	J	S	K	C	D	K	C	N	K	C	I	T	N	F	O	W
E	B	Z	F	R	B	A	T	S	D	M	Z	W	A	W	H	Y	L	R
Q	P	D	H	G	A	B	M	A	W	E	N	S	J	H	R	B	Q	Q
V	X	D	A	U	N	E	T	J	L	X	K	O	U	K	X	Q	K	V
G	I	Q	J	J	D	O	E	L	D	J	M	I	D	Z	A	C	H	W
S	C	Z	O	E	R	V	U	G	T	D	B	T	H	Y	M	F	C	I
K	T	E	D	Y	G	P	H	F	Q	F	A	F	Q	M	A	U	J	Y
X	F	A	K	G	W	L	Q	K	J	Z	T	T	X	T	T	O	P	L
M	G	M	C	O	U	O	D	C	E	X	K	I	A	N	V	Y	A	Z
H	F	R	L	C	Q	R	D	X	H	Z	V	L	B	T	U	V	A	X
W	Y	I	G	I	C	Q	M	M	A	X	I	T	M	I	J	U	N	X
I	D	H	K	J	M	U	A	M	D	T	T	R	N	C	Q	Z	S	J
X	T	C	E	T	X	X	E	S	Y	A	H	A	E	A	H	R	S	S
Q	B	S	E	S	G	U	L	O	K	V	C	G	N	N	S	P	X	F
B	M	S	D	E	I	L	G	S	W	H	A	E	I	W	L	O	I	P
Z	Y	F	A	F	N	J	U	P	M	Z	F	G	E	T	X	M	J	K
L	R	L	C	I	Q	F	R	N	E	Z	H	U	L	H	B	G	D	Y
K	T	I	S	N	H	W	Z	B	I	G	K	R	G	O	R	D	P	D
O	F	H	A	A	O	I	P	F	E	P	C	T	N	K	Q	U	I	H
S	W	J	C	M	Y	Q	Q	H	B	X	S	C	A	J	N	Z	X	S
H	J	F	I	U	R	M	F	Z	U	A	Q	M	F	H	Q	D	H	H

C O B G I V T G U M X K U W I V I D Y
A S R V I C T P V B D K W Z R J Y K R
H T T W N W K E V X R A D K B U B E A
J P G O I A P M K O N B U G E P Q P E
H Z B S I B Y Y Q Z R I Q B M I L Y L
E P T A L Z P M N L X A M Y E V Y S Z
D E H R B H A C K Y S A C K R Q Y D E
R J N T V X P S D C H F O X G D D E U
J P A C M Y Y G D V G U A F E I O O T
V C K E G L G M H O W V H E N U V Q V
V J P P U F Y H A U Y Q F P C Y F Q M
R W G S S E G G I L J D T C Y M F G P
A C R A Q E I Z M M A W W Q Z X B I E
R H Q M Z R I U X X V W Y J K P F X G
Y W M V D F I W L U Y N I A Z X R T P
B S T R N E K X V L I D P N Z V T N R
E M A Q C C A N R T F P I D G M Q L M
U D M B O Z W E D O E I X G X S Z N H
G W P D W E T D M S W K N Q M J K T H
B A J Q F I L S I I F F Y J O I P M T
C V S W L V N U P X C M M X O M B J R
Y N A R M P W K K H U B N C P E M F Y
Y B Y O O R K P E S N H L W G S U O N
I J Y Z L O O J R N C M E D N A T I M

WINGS
TANDEM
SPECTRA
ABWINKEN
DOCK
KAPPE
HACKYSACK
TWIST
FREEFLY
EMERGENCY

Lösung

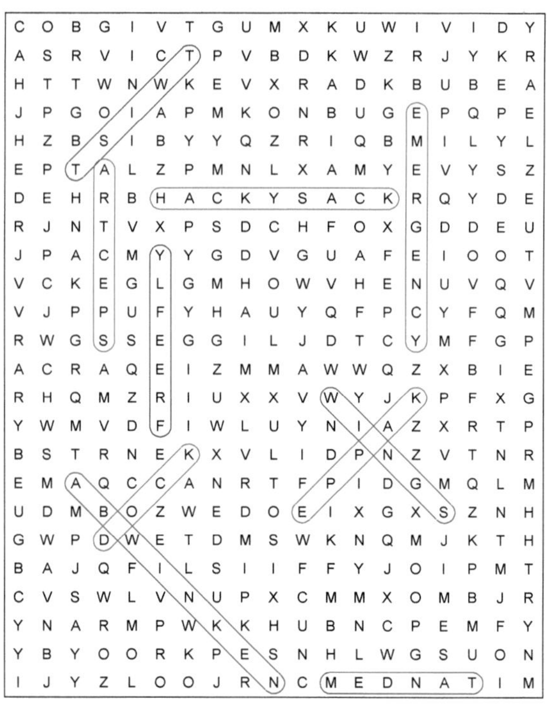

DAS

POKERN

WORTSUCHRÄTSEL BUCH

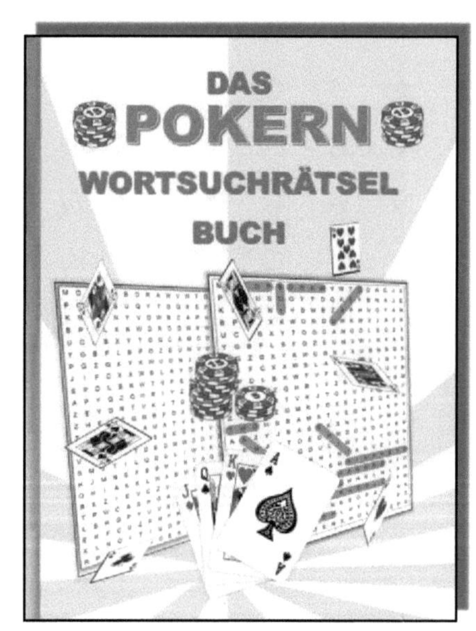
DAS
POKERN
WORTSUCHRÄTSEL
BUCH

M	O	T	O	P	B	D	R	A	W	V	W	T	D	G	A	C	J	X
P	O	K	U	S	U	Q	Y	T	D	Q	K	E	F	B	N	A	J	E
K	N	N	C	N	Y	V	D	W	B	Z	A	P	H	U	D	Y	A	N
B	P	U	L	X	K	W	D	R	D	D	W	K	W	V	J	A	V	E
U	C	B	B	X	Y	T	O	G	C	A	M	O	D	L	S	C	Z	X
Y	G	B	F	L	B	F	O	Z	E	U	M	V	W	I	R	F	A	S
P	G	Z	Q	X	Y	K	W	U	D	N	J	X	U	N	N	B	Q	K
J	I	F	C	X	X	W	B	L	A	Y	D	K	O	X	I	D	T	D
S	P	D	L	B	K	W	T	V	F	E	A	F	O	M	H	U	V	B
A	P	Y	Q	Z	Q	H	R	I	Y	Z	B	X	I	U	Q	W	B	M
Z	E	Y	D	R	T	V	K	J	T	O	F	U	F	J	T	R	O	F
Z	H	E	W	Z	G	M	R	F	O	X	E	Z	N	E	Q	K	N	U
T	W	O	H	B	B	A	M	A	T	Y	E	Q	H	F	L	K	P	V
A	A	Z	Y	J	B	A	S	E	K	S	N	T	V	L	P	M	G	J
V	F	N	A	V	T	D	E	D	M	W	D	O	V	D	S	F	B	M
S	M	J	T	I	L	Q	D	U	L	I	W	Y	K	L	Y	O	B	N
H	J	M	N	E	F	B	B	H	I	N	T	A	G	V	E	I	G	T
O	H	I	A	K	K	L	W	X	B	M	R	I	A	P	R	E	V	O
R	X	Z	I	E	V	C	Z	U	E	H	A	N	D	E	D	H	Y	U
T	P	W	C	A	S	H	G	A	M	E	W	H	E	L	N	L	A	R
L	S	H	G	P	Y	U	V	S	T	R	A	D	D	L	E	J	F	W
E	H	F	C	U	Z	F	M	P	N	K	E	O	P	A	N	L	A	N
X	L	N	O	I	T	I	S	O	P	L	H	Y	C	W	K	A	P	C
R	P	Z	L	E	B	B	O	E	N	X	H	O	L	K	A	Z	P	Q

1

OUT OF POSITION

TOP TWO

ANTE

OVERPAIR

BUY

DRAW DEAD

TIME

STRADDLE

SHORT HANDED

CASHGAME

Lösung

M O T O P B D R A W V W T D G A C J X

P O K U S U Q Y T D Q K E F B N A J E

K N N C N Y V D W B Z A P H U D Y A N

B P U L X K W D R D D W K W V J A V E

U C B B X Y T O G C A M O D L S C Z X

Y G B F L B F O Z E U M V W I R F A S

P G Z Q X Y K W U D N J X U N N B Q K

J I F C X X W B L A Y D K O X I D T D

S P D L B K W T V F E A F O M H U V B

A P Y Q Z Q H R I Y Z B X I U Q W B M

Z E Y D R T V K J T O F U F J T R O F

Z H E W Z G M R F O X E Z N E Q K N U

T W O H B B A M A T Y E Q H F L K P V

A A Z Y J B A S E K S N T V L P M G J

V F N A V T D E D M W D O V D S F B M

S M J T I L Q D U L I W Y K L Y O B N

H J M N E F B B H I N T A G V E I G T

O H I A K K L W X B M R I A P R E V O

R X Z I E V C Z U E H A N D E D H Y U

T P W C A S H G A M E W H E L N L A R

L S H G P Y U V S T R A D D L E J F W

E H F C U Z F M P N K E O P A N L A N

X L N O I T I S O P L H Y C W K A P C

R P Z L E B B O E N X H O L K A Z P Q

Z	Q	E	D	T	O	Q	N	Y	Y	Y	G	Q	G	T	H	F	Y	B
H	W	P	P	E	F	G	M	Y	K	Y	W	O	V	W	E	N	O	P
V	M	S	C	S	A	T	L	D	V	W	V	H	L	T	E	B	C	K
F	G	W	C	U	P	L	Q	U	B	Z	F	V	G	I	S	E	I	T
N	O	A	V	P	D	M	U	F	E	W	B	O	S	G	K	Z	Q	V
Z	X	U	Y	R	V	E	O	H	K	C	Y	D	G	E	U	L	A	V
Z	Y	T	J	M	E	L	E	V	N	K	K	U	G	R	O	E	P	S
G	T	E	S	J	D	V	X	R	H	M	S	W	Z	O	D	V	W	N
Y	K	X	K	F	N	G	I	A	J	W	A	R	U	N	R	C	L	K
R	Y	E	Q	P	J	K	K	R	M	Q	U	T	H	N	A	X	A	J
W	F	S	N	P	D	T	J	J	S	M	L	V	B	X	S	M	C	J
G	T	G	V	T	T	Z	A	D	M	S	B	B	I	L	J	C	P	Y
J	M	M	E	W	S	V	C	D	J	B	R	Q	E	P	B	P	H	Z
G	D	K	L	P	Z	C	N	Y	R	P	M	B	P	X	U	O	A	F
K	Q	F	O	V	K	T	H	K	I	T	G	L	U	D	U	Z	A	M
Z	L	N	I	D	I	C	N	E	K	T	N	C	O	T	Y	U	M	T
R	C	S	T	U	W	V	H	M	I	A	B	S	Q	T	N	D	G	Q
S	D	X	L	E	Q	J	F	M	Y	D	T	P	F	Q	L	G	L	J
T	O	V	T	R	B	K	Y	B	Z	A	U	L	W	R	D	T	Q	F
X	B	I	G	Z	U	K	M	L	C	W	E	N	N	B	P	B	T	L
T	I	S	H	I	F	W	N	K	L	W	B	F	G	F	M	U	Y	O
D	T	E	L	L	U	R	J	O	Z	L	A	A	Y	N	W	P	V	P
C	O	U	W	F	J	J	E	P	D	Y	Z	G	H	Q	M	G	T	J
A	C	D	L	Z	O	O	V	E	R	C	A	R	D	H	Q	V	P	C

VALUE BET
FOLD
DEAL
BIG STACK
GLUECKWUNSCH

RIVER
TELL
ENTSCHEIDUNG
OVERCARD
DONKBET

Lösung

Z Q E D T O Q N Y Y Y G Q G T H F Y B
H W P P E F G M Y K Y W O V W E N O P
V M S C S A T L D V W V H L T E B C K
F G W C U P L Q U B Z F V G I S E I T
N O A V P D M U F E W B O S G K Z Q V
Z X U Y R V E O H K C Y D G E U L A V
Z Y T J M E L E V N K K U G R O E P S
G T E S J D V X R H M S W Z O D V W N
Y K X K F N G I A J W A R U N R C L K
R Y E Q P J K K R M Q U T H N A X A J
W F S N P D T J J S M L V B X S M C J
G T G V T T Z A D M S B B I L J C P Y
J M M E W S V C D J B R Q E P B P H Z
G D K L P Z C N Y R P M B P X U O A F
K Q F O V K T H K I T G L U D U Z A M
Z L N I D I C N E K T N C O T Y U M T
R C S T U W V H M I A B S Q T N D G Q
S D X L E Q J F M Y D T P F Q L G L J
T O V T R B K Y B Z A U L W R D T Q F
X B I G Z U K M L C W E N N B P B T L
T I S H I F W N K L W B F G F M U Y O
D T E L L U R J O Z L A A Y N W P V P
C O U W F J J E P D Y Z G H Q M G T J
A C D L Z O O V E R C A R D H Q V P C

N L M V X J E F X E Y V N X Z M R E T
Y P V D T W H K O O R D I N A T I O N
U M V M O M E I J F N S B L A J E Y B
M C L L J W S T P A Z H V R O G B L A
T H B W R P N G D T O G G J J H U W U
R E N D N R K M N U H U U A V F T I K
N C Y K L T N U S P B G A D F Z M F V
N K D Y W A R E W D D U O J Q A V A E
Q K I P P N K U A A N X P Q T N G J F
J Z L K N Z I W E Z N H O V O V V H R
W W U I F M A J U Z S T W H H U I L O
I G M K H S H S T A C K H R T A D K Y
C E H J J Q P C D Z R U P F N H I P A
S U H Q II L O L U J Z H W O S G I I L
T D Y W I O R N E Z V X G U Q W J N A
T W Z T E A H R U N J D L E L N V A N
W E P P K B X O G K X F A W X L L J S
W O H G Y N A T J U Z R E L A E U K P
T S Q N B S C G L P T B E Z R J T F R
H N O L G L O N F J U V O L S B E D A
D Z Z R R E C K C U Q O H L A M J K C
F A M U L N A W Z X A N Y X M E W D H
P D N I O I S D N P V N V J A T D V E
H Q F Z U C Y P A B K C U M E N Z L B

CHECK
ROYAL FLUSH
KOORDINATION
FULL HOUSE
SPLITPOT

MUCK
AUFGABE
ANSPRACHE
SEMI BLUFF
DEALER

Lösung

N	L	M	V	X	J	E	F	X	E	Y	V	N	X	Z	M	R	E	T
Y	P	V	D	T	W	H	K	O	O	R	D	I	N	A	T	I	O	N
U	M	V	M	O	M	E	I	J	F	N	S	B	L	A	J	E	Y	B
M	C	L	L	J	W	S	T	P	A	Z	H	V	R	O	G	B	L	A
T	H	B	W	R	P	N	G	D	T	O	G	G	J	J	H	U	W	U
R	E	N	D	N	R	K	M	N	U	H	U	U	A	V	F	T	I	K
N	C	Y	K	L	T	N	U	S	P	B	G	A	D	F	Z	M	F	V
N	K	D	Y	W	A	R	E	W	D	D	U	O	J	Q	A	V	A	E
Q	K	I	P	P	N	K	U	A	A	N	X	P	Q	T	N	G	J	F
J	Z	L	K	N	Z	I	W	E	Z	N	H	O	V	O	V	V	H	R
W	W	U	I	F	M	A	J	U	Z	S	T	W	H	H	U	I	L	O
I	G	M	K	H	S	H	S	T	A	C	K	H	R	T	A	D	K	Y
C	E	H	J	J	Q	P	C	D	Z	R	U	P	F	N	H	I	P	A
S	U	H	Q	H	L	O	L	U	J	Z	H	W	O	S	G	I	I	L
T	D	Y	W	I	O	R	N	E	Z	V	X	G	U	Q	W	J	N	A
T	W	Z	T	E	A	H	R	U	N	J	D	L	E	L	N	V	A	N
W	E	P	P	K	B	X	O	G	K	X	F	A	W	X	L	L	J	S
W	O	H	G	Y	N	A	T	J	U	Z	R	E	L	A	E	U	K	P
T	S	Q	N	B	S	C	G	L	P	T	B	E	Z	R	J	T	F	R
H	N	O	L	G	L	O	N	F	J	U	V	O	L	S	B	E	D	A
D	Z	Z	R	R	E	C	K	C	U	Q	O	H	L	A	M	J	K	C
F	A	M	U	L	N	A	W	Z	X	A	N	Y	X	M	E	W	D	H
P	D	N	I	O	I	S	D	N	P	V	N	V	J	A	T	D	V	E
H	Q	F	Z	U	C	Y	P	A	B	K	C	U	M	E	N	Z	L	B

T K G A M J F Y L Y V A A V H J I L U
J K Z G U I J A G O U Q F T I L Y J Z
I L Z N D J E C B F H R Q F C P P V J
B P G T V Z D S Z S H Y Z W S R T M V
J R Q T E U J S A P C J M U Q P T T T
L V Q L A W H M R P V A J H O C M I J
P L X J Z E E F V X C G T S E E N K C
R P X I W Z G Q V D Y Z I U E Z P O H
I S D I J M Q W T N I J X Z V N O U B
C S K U X E N K H A T U I U Y A U X Y
E H K I C K E R E T Y L K F K L E G Y
Q H P Y H D A M D S W Q C P O E G K B
F E N W V A N R J E P Q R M Y Z W D S
E F L V M Z G E A T O F S D D O B E X
V E D R T W R D C K Q P Y A B U M I V
G U K J H P I N K N L L B Z W O V L R
U L K U F C F U P U B Q M N R M C P W
L A V H K I F I O P R Y P J F S E M L
R V F N V M V K T H N R H H W S U I L
F E A U S X D G N I N I A R T N V R P
H W L F K C U E C W I Y D N V Y Z T Q
B S W T Y E A S G B I Q Q V I Z H K R
W U E F F W D M L P E T E K C O P Q W
Y N X S D Z S I Q Q V Y O E Q O X C J

PUNKTESTAND
POCKET
KICKER
UNDER THE GUN
JACKPOT

PRICE
ANGRIFF
VALUE
IMPLIED ODDS
TRAINING

Lösung

T	K	G	A	M	J	F	Y	L	Y	V	A	A	V	H	J	I	L	U
J	K	Z	G	U	I	J	A	G	O	U	Q	F	T	I	L	Y	J	Z
I	L	Z	N	D	J	E	C	B	F	H	R	Q	F	C	P	P	V	J
B	P	G	T	V	Z	D	S	Z	S	H	Y	Z	W	S	R	T	M	V
J	R	Q	T	E	U	J	S	A	P	C	J	M	U	Q	P	T	T	T
L	V	Q	L	A	W	H	M	R	P	V	A	J	H	O	C	M	I	J
P	L	X	J	Z	E	E	F	V	X	C	G	T	S	E	E	N	K	C
R	P	X	I	W	Z	G	Q	V	D	Y	Z	I	U	E	Z	P	O	H
I	S	D	I	J	M	Q	W	T	N	I	J	X	Z	V	N	O	U	B
C	S	K	U	X	E	N	K	H	A	T	U	I	U	Y	A	U	X	Y
E	H	K	I	C	K	E	R	E	T	Y	L	K	F	K	L	E	G	Y
Q	H	P	Y	H	D	A	M	D	S	W	Q	C	P	O	E	G	K	B
F	E	N	W	V	A	N	R	J	E	P	Q	R	M	Y	Z	W	D	S
E	F	L	V	M	Z	G	E	A	T	O	E	S	D	D	O	B	E	X
V	E	D	R	T	W	R	D	C	K	Q	P	Y	A	B	U	M	I	V
G	U	K	J	H	P	I	N	K	N	L	L	B	Z	W	O	V	L	R
U	L	K	U	F	C	F	U	P	U	B	Q	M	N	R	M	C	P	W
L	A	V	H	K	I	F	I	O	P	R	Y	P	J	F	S	E	M	L
R	V	F	N	V	M	V	K	T	H	N	R	H	H	W	S	U	I	L
F	E	A	U	S	X	D	G	N	I	N	I	A	R	T	N	V	R	P
H	W	L	F	K	C	U	E	C	W	I	Y	D	N	V	Y	Z	T	Q
B	S	W	T	Y	E	A	S	G	B	I	Q	Q	V	I	Z	H	K	R
W	U	E	F	F	W	D	M	L	P	E	T	E	K	C	O	P	Q	W
Y	N	X	S	D	Z	S	I	Q	Q	V	Y	O	E	Q	O	X	C	J

L O B E A H L V J G K Q B A C P Z V V
P Q N T G L Z B F Y K M E Q U I T Y X
O K Y G Y R I E Z G Y P L R S C U V R
G Y E P A V B Z N W Q F I D S J J D H
K M Y V N S Q F E V G Q N Y N P E W B
W I I Z I L E D M I X C Y T M Y X Y K
C D K Z C S Z H R H Q T U N W K I F Q
A D R A F F S R Y F Z O L D A R F B F
X L U S T O M E Z R C Z P P L N M H R
S E C J V H K C R L D E A O I O J I G
Y Q Z Q D K L I V G T T H P I M F P B
Q M R W C B U G E Q G O X Q D K M T V
X V U F Z S D W Y N B A E U U R S B M
Z Q O Q K M U C B T C B I K C A G X Q
H B K N P K B X H R I L Y B I O H A Z
Q U M U H P E B K V L U W A R D I E R
P A X L R E L E I P S X Q X O A S D C
H D V J G D T L A M N A K E B I D Q U
L R E G D E P O S I T I O N A V L V K
U X A N O I T A V I T O M R B M L A W
I A G T J Q T W D N Y E N U V Z O D S
Q U Y U A T H G I T P I R I Z M X C H
U W X R P F L B G N M N J I C N E M D
P G T N W L O H E I R T P F Q S M D V

MINRAISE
MOTIVATION
TIGHT AGGRESSIVE
SPIELER
MIDDLE POSITION

EQUITY
FOLD EQUITY
BURN
DRAW
EDGE

Lösung

L O B E A H L V J G K Q B A C P Z V V
P Q N T G L Z B F Y K M E Q U I T Y X
O K Y G Y R I E Z G Y P L R S C U V R
G Y E P A V B Z N W Q F I D S J J D H
K M Y V N S Q F E V G Q N Y N P E W B
W I I Z I L E D M I X C Y T M Y X Y K
C D K Z C S Z H R H Q T U N W K I F Q
A D R A F F S R Y F Z O L D A R F B F
X L U S T O M E Z R C Z P P L N M H R
S E C J V H K C R L D E A O I O J I G
Y Q Z Q D K L I V G T T H P I M F P B
Q M R W C B U G E Q G O X Q D K M T V
X V U F Z S D W Y N B A E U U R S B M
Z Q O Q K M U C B T C B I K C A G X Q
H B K N P K B X H R I L Y B I O H A Z
Q U M U H P E B K V L U W A R D I E R
P A X L R E L E I P S X Q X O A S D C
H D V J G D T L A M N A K E B I D Q U
L R E G D E P O S I T I O N A V L V K
U X A N O I T A V I T O M R B M L A W
I A G T J Q T W D N Y E N U V Z O D S
Q U Y U A T H G I T P I R I Z M X C H
U W X R P F L B G N M N J I C N E M D
P G T N W L O H E I R T P F Q S M D V

W L B P T J D L N S L O W W E E T H O
Z L A E D D T S D W W W T S C G F L X
L N B V T P T R Y B O A R D W E Z O S
D P I S S N A W R O X I T M A G V T W
T A K K J W U U C D Z J S N A E I N J
W T O P I C A Z G G V V Y Y G N T P Y
Y L W N M F Z H X G Q V G I E E B N P
D J G I F W Z U D P X J W X E R J S H
Z O U W H O C H R S C B B B R A V G F
D Q T Z Q O H K S U I T E D X N J L V
E T Z Z E E R F L I X Z F P R A G L A
M P Y I V P U I N Q F M E P H L K O B
B J Q V N J H I E F B E H U E Y A R U
Q H N I J M T U I F H Z R Q R S X H X
K O I W F A Z D G S M G O L P E W P G
Y T I N U M M O C N K L L F U Z X O C
M L J T C W I C M P E Z T G A S M D A
P L E S G F V Z F D K S Y R V H Z D R
A O J A T U F W O F A B K Y F C A S D
H R L Q R R D M L W J E N S P H I O S
Z V D J Y L P A P I S W N L Q E E V K
R T A I Q I N B G F B F U G A N N L G
U V E K H H G H H O G F Z X V G N T B
M W D C K K T G U T E M K G K X F F E

COMMUNITY CARDS
SUITED
BET
DRAWING DEAD
FREE ROLL

GEGENERANALYSE
POT ODDS
BOARD
SLOW ROLL
CHIPMODEL

Lösung

W	L	B	P	T	J	D	L	N	S	L	O	W	W	E	E	T	H	O
Z	L	A	E	D	D	T	S	D	W	W	W	T	S	C	G	F	L	X
L	N	B	V	T	P	T	R	Y	B	O	A	R	D	W	E	Z	O	S
D	P	I	S	S	N	A	W	R	O	X	I	T	M	A	G	V	T	W
T	A	K	K	J	W	U	U	C	D	Z	J	S	N	A	E	I	N	J
W	T	O	P	I	C	A	Z	G	G	V	V	Y	Y	G	N	T	P	Y
Y	L	W	N	M	F	Z	H	X	G	Q	V	G	I	E	E	B	N	P
D	J	G	I	F	W	Z	U	D	P	X	J	W	X	E	R	J	S	H
Z	O	U	W	H	O	C	H	R	S	C	B	B	B	R	A	V	G	F
D	Q	T	Z	Q	O	H	K	S	U	I	T	E	D	X	N	J	L	V
E	T	Z	Z	E	E	R	F	L	I	X	Z	F	P	R	A	G	L	A
M	P	Y	I	V	P	U	I	N	Q	F	M	E	P	H	L	K	O	B
B	J	Q	V	N	J	H	I	E	F	B	E	H	U	E	Y	A	R	U
Q	H	N	I	J	M	T	U	L	F	H	Z	R	Q	R	S	X	H	X
K	O	I	W	F	A	Z	D	G	S	M	G	O	L	P	E	W	P	G
Y	T	I	N	U	M	M	O	C	N	K	L	L	F	U	Z	X	O	C
M	L	J	T	C	W	I	C	M	P	E	Z	T	G	A	S	M	D	A
P	L	E	S	G	F	V	Z	F	D	K	S	Y	R	V	H	Z	D	R
A	O	J	A	T	U	F	W	O	F	A	B	K	Y	F	C	A	S	D
H	R	L	Q	R	R	D	M	L	W	J	E	N	S	P	H	I	O	S
Z	V	D	J	Y	L	P	A	P	I	S	W	N	L	Q	E	E	V	K
R	T	A	I	Q	I	N	B	G	F	B	F	U	G	A	N	N	L	G
U	V	E	K	H	H	G	H	H	O	G	F	Z	X	V	G	N	T	B
M	W	D	C	K	K	T	G	U	T	E	M	K	G	K	X	F	F	E

H	M	H	K	U	W	A	T	B	G	A	K	N	W	B	S	C	W	D
B	F	Q	B	N	F	A	I	R	P	L	A	Y	N	X	V	X	W	C
F	D	R	D	O	L	J	G	H	D	A	Q	N	W	I	Z	A	M	S
Y	C	L	U	T	I	S	U	A	L	P	P	A	S	R	X	J	W	R
A	P	Z	N	T	D	T	W	L	W	S	W	F	L	R	H	I	U	C
P	B	Z	C	U	P	O	H	A	G	S	O	Z	J	R	Y	F	H	I
Y	R	E	H	B	H	E	O	J	M	L	W	Q	O	K	Q	J	I	O
R	Z	K	L	E	P	C	T	Q	R	Z	M	L	Y	F	O	B	T	J
D	D	D	F	G	L	O	G	M	A	A	L	G	L	Y	A	O	T	W
H	V	P	M	M	D	E	F	Y	T	E	N	E	D	K	L	K	S	J
F	F	Q	S	D	G	C	M	I	K	P	B	L	J	E	G	W	X	V
W	E	G	S	V	F	U	H	X	S	Z	N	F	N	E	L	W	O	H
O	U	H	W	Q	J	L	H	G	K	A	W	B	W	X	G	X	J	Y
W	J	N	Y	A	G	U	N	B	A	M	K	Z	W	B	C	N	I	B
L	Q	H	S	M	S	J	C	C	A	V	B	U	L	X	Q	F	A	M
A	F	M	C	I	Q	S	I	L	N	N	Q	M	C	Z	J	J	N	R
M	G	M	W	Z	Z	G	J	T	A	M	K	J	C	U	Z	R	C	C
P	T	A	F	N	G	V	A	U	F	G	H	C	I	K	E	V	U	W
I	M	F	E	F	O	N	B	M	I	J	P	M	A	E	O	E	N	L
Y	O	G	F	J	G	P	Q	O	P	Q	F	M	T	Q	V	D	W	W
B	E	U	P	G	R	B	F	W	A	A	K	T	A	D	L	N	V	I
L	O	T	N	V	Y	U	J	N	S	I	K	G	N	D	E	Z	N	H
Y	I	I	A	W	L	L	F	T	D	D	S	X	K	C	V	R	L	F
F	R	Y	U	L	P	L	A	O	O	Z	Q	X	H	E	O	E	G	H

BANK ROLL
LEGEN
PAY OFF
APPLAUS
BUTTON

FULL RING
TANK
RANGE
FAIRPLAY
FAST

Lösung

H	M	H	K	U	W	A	T	B	G	A	K	N	W	B	S	C	W	D
B	F	Q	B	N	F	A	I	R	P	L	A	Y	N	X	V	X	W	C
F	D	R	D	O	L	J	G	H	D	A	Q	N	W	I	Z	A	M	S
Y	C	L	U	T	I	S	U	A	L	P	P	A	S	R	X	J	W	R
A	P	Z	N	T	D	T	W	L	W	S	W	F	L	R	H	I	U	C
P	B	Z	C	U	P	O	H	A	G	S	O	Z	J	R	Y	F	H	I
Y	R	E	H	B	H	E	O	J	M	L	W	Q	O	K	Q	J	I	O
R	Z	K	L	E	P	C	T	Q	R	Z	M	L	Y	F	O	B	T	J
D	D	D	F	G	L	O	G	M	A	A	L	G	L	Y	A	O	T	W
H	V	P	M	M	D	E	F	Y	T	E	N	E	D	K	L	K	S	J
F	F	Q	S	D	G	C	M	I	K	P	B	L	J	E	G	W	X	V
W	E	G	S	V	F	U	H	X	S	Z	N	F	N	E	L	W	O	H
O	U	H	W	Q	J	L	H	G	K	A	W	B	W	X	G	X	J	Y
W	J	N	Y	A	G	U	N	B	A	M	K	Z	W	B	C	N	I	B
L	Q	H	S	M	S	J	C	C	A	V	B	U	L	X	Q	F	A	M
A	F	M	C	I	Q	S	I	L	N	N	Q	M	C	Z	J	J	N	R
M	G	M	W	Z	Z	G	J	T	A	M	K	J	C	U	Z	R	C	C
P	T	A	F	N	G	V	A	U	F	G	H	C	I	K	E	V	U	W
I	M	F	E	F	O	N	B	M	I	J	P	M	A	E	O	E	N	L
Y	O	G	F	J	G	P	Q	O	P	Q	F	M	T	Q	V	D	W	W
B	E	U	P	G	R	B	F	W	A	A	K	T	A	D	L	N	V	I
L	O	T	N	V	Y	U	J	N	S	I	K	G	N	D	E	Z	N	H
Y	I	I	A	W	L	L	F	T	D	D	S	X	K	C	V	R	L	F
F	R	Y	U	L	P	L	A	O	O	Z	Q	X	H	E	O	E	G	H

X	L	E	A	E	H	C	S	I	F	O	E	O	X	Z	B	Y	Q	Y
Y	K	V	O	R	N	M	J	K	E	W	D	K	J	I	R	F	D	L
T	T	R	J	I	Z	F	N	R	S	H	N	C	A	A	E	J	F	W
S	V	A	I	C	S	T	P	M	Z	T	A	M	O	O	Q	Q	Z	L
M	T	A	E	U	S	C	H	E	N	W	H	G	Z	K	Y	M	E	E
K	Z	J	Y	B	Q	Q	D	F	Z	C	D	E	I	H	J	C	N	O
W	W	Z	B	C	U	B	T	V	H	Y	V	W	D	P	Y	O	N	U
U	T	H	G	I	A	R	T	S	U	V	N	I	C	D	U	M	V	H
J	W	Q	K	Z	D	W	R	M	J	D	A	N	C	M	F	P	A	T
P	Y	U	R	W	S	M	N	Y	W	X	W	N	D	J	W	L	W	O
C	M	T	I	G	H	F	D	M	D	P	V	E	G	P	O	E	A	F
I	H	X	U	O	Q	W	K	F	H	U	E	R	D	E	J	T	U	L
F	C	O	R	O	O	L	U	S	A	E	X	D	D	X	E	E	F	D
C	W	G	X	L	K	D	H	B	V	R	U	Q	N	O	V	A	N	T
L	K	X	L	B	Y	W	C	A	N	K	F	E	L	P	O	L	F	K
B	F	F	I	E	O	M	R	B	F	G	T	Y	R	C	Y	L	Y	T
V	Q	W	H	B	J	I	J	P	M	M	M	Z	D	H	N	H	R	R
T	I	J	O	F	A	W	G	R	G	H	I	G	C	W	S	W	D	Z
E	Z	L	Y	N	T	F	A	S	Y	W	Y	O	A	G	K	U	N	C
D	L	B	C	J	A	H	D	T	O	U	I	D	U	S	P	K	L	P
H	P	E	A	W	B	J	M	X	Y	J	T	C	C	D	G	F	P	F
Z	T	S	J	F	L	A	B	C	Y	P	R	X	C	F	P	J	C	U
M	S	T	W	I	E	B	F	K	O	M	Y	J	Y	F	V	A	D	I
R	O	H	Z	S	V	L	M	D	B	D	C	V	D	F	I	N	A	L

STRAIGHT FLUSH
COMPLETE HAND
GEWINNER
FISCH
PRE FLOP
TAEUSCHEN
HUERDE
QUADS
FINAL TABLE
VARIANCE

Lösung

X L E A E H C S I F O E O X Z B Y Q Y

Y K V O R N M J K E W D K J I R F D L

T T R J I Z F N R S H N C A A E J F W

S V A I C S T P M Z T A M O O Q Q Z L

M T A E U S C H E N W H G Z K Y M E E

K Z J Y B Q Q D F Z C D E I H J C N O

W W Z B C U B T V H Y V W D P Y O N U

U T H G I A R T S U V N I C D U M V H

J W Q K Z D W R M J D A N C M F P A T

P Y U R W S M N Y W X W N D J W L W O

C M T I G H F D M D P V E G P O E A F

I H X U O Q W K F H U E R D E J T U L

F C O R O O L U S A E X D D X E E F D

C W G X L K D H B V R U Q N O V A N T

L K X L B Y W C A N K F E L P O L F K

B F F I E O M R B F G T Y R C Y L Y T

V Q W H B J I J P M M M Z D H N H R R

T I J O F A W G R G H I G C W S W D Z

E Z L Y N T F A S Y W Y O A G K U N C

D L B C J A H D T O U I D U S P K L P

H P E A W B J M X Y J T C C D G F P F

Z T S J F L A B C Y P R X C F P J C U

M S T W I E B F K O M Y J Y F V A D I

R O H Z S V L M D B D C V D F I N A L

A	V	A	J	O	V	G	W	D	Z	R	A	H	Y	N	D	H	R	X
T	O	A	E	J	Z	U	W	S	T	H	M	U	S	I	H	X	E	P
E	T	F	Y	B	T	Q	H	Y	E	S	Z	I	G	V	D	J	I	H
U	M	I	C	L	H	H	D	F	T	J	I	F	H	L	W	S	O	N
D	O	G	P	V	H	P	L	P	J	S	D	R	E	L	H	E	F	E
M	V	K	V	Q	B	X	M	D	A	F	P	O	D	O	X	W	Q	W
V	G	H	Y	P	O	T	N	M	S	E	J	J	L	Z	T	A	G	B
K	B	Z	R	V	T	X	R	N	I	L	D	V	D	Z	D	S	H	H
G	C	O	U	O	M	R	Y	W	Y	T	N	D	G	Z	Q	D	O	E
E	F	M	H	X	R	D	B	G	S	U	N	U	A	I	N	X	U	P
X	P	C	P	J	M	R	Z	O	H	Z	I	U	U	O	J	D	F	Q
A	O	U	H	Q	E	C	P	D	H	H	N	Z	I	R	T	P	Z	U
C	L	U	T	P	D	Z	D	I	L	D	A	T	B	E	G	R	H	X
I	F	D	V	J	F	V	D	A	E	N	I	D	L	Q	C	F	G	T
B	R	H	M	M	W	L	T	R	F	S	M	W	O	P	V	G	D	Z
N	H	F	W	Y	X	E	W	Y	O	G	P	R	C	V	E	G	G	D
S	Q	A	A	N	D	L	W	P	L	A	S	V	Z	I	W	F	Q	D
C	O	M	U	W	P	I	Y	A	H	I	X	W	T	K	L	U	L	U
L	L	I	T	O	G	V	S	I	S	X	P	S	Q	O	C	E	N	C
I	U	L	I	D	E	W	Q	C	P	W	B	V	P	J	F	A	P	I
F	N	Y	Y	B	I	T	J	T	Z	A	U	O	B	T	C	F	T	V
F	B	Y	R	N	O	A	E	E	E	G	W	P	E	I	S	W	C	S
L	F	F	G	P	H	V	O	Y	K	Z	O	Y	W	C	D	N	F	J
B	Q	L	M	K	K	D	G	H	R	C	C	S	N	N	H	O	K	G

STACK
FAMILY POT
FEHLER
ABSTIEG
LATE POSITION
FLOP
POST FLOP
UNDER DOG
DOWN SWING
POST

Lösung

A	V	A	J	O	V	G	W	D	Z	R	A	H	Y	N	D	H	R	X
T	O	A	E	J	Z	U	W	S	T	H	M	U	S	I	H	X	E	P
E	T	F	Y	B	T	Q	H	Y	E	S	Z	I	G	V	D	J	I	H
U	M	I	C	L	H	H	D	F	T	J	I	F	H	L	W	S	O	N
D	O	G	P	V	H	P	L	P	J	S	D	R	E	L	H	E	F	E
M	V	K	V	Q	B	X	M	D	A	F	P	O	D	O	X	W	Q	W
V	G	H	Y	P	O	T	N	M	S	E	J	J	L	Z	T	A	G	B
K	B	Z	R	V	T	X	R	N	I	L	D	V	D	Z	D	S	H	H
G	C	O	U	O	M	R	Y	W	Y	T	N	D	G	Z	Q	D	O	E
E	F	M	H	X	R	D	B	G	S	U	N	U	A	I	N	X	U	P
X	P	C	P	J	M	R	Z	O	H	Z	I	U	U	O	J	D	F	Q
A	O	U	H	Q	E	C	P	D	H	H	N	Z	I	R	T	P	Z	U
C	L	U	T	P	D	Z	D	I	L	D	A	T	B	E	G	R	H	X
I	F	D	V	J	F	V	D	A	E	N	I	D	L	Q	C	F	G	T
B	R	H	M	M	W	L	T	R	F	S	M	W	O	P	V	G	D	Z
N	H	F	W	Y	X	E	W	Y	O	G	P	R	C	V	E	G	G	D
S	Q	A	A	N	D	L	W	P	L	A	S	V	Z	I	W	F	Q	D
C	O	M	U	W	P	I	Y	A	H	I	X	W	T	K	L	U	L	U
L	L	I	T	O	G	V	S	I	S	X	P	S	Q	O	C	E	N	C
I	U	L	I	D	E	W	Q	C	P	W	B	V	P	J	F	A	P	I
F	N	Y	Y	B	I	T	J	T	Z	A	U	O	B	T	C	F	T	V
F	B	Y	R	N	O	A	E	E	E	G	W	P	E	I	S	W	C	S
L	F	F	G	P	H	V	O	Y	K	Z	O	Y	W	C	D	N	F	J
B	Q	L	M	K	K	D	G	H	R	C	C	S	N	N	H	O	K	G

L	C	V	D	E	D	J	S	J	Z	U	W	F	Y	F	T	J	L	S
T	E	T	G	D	C	C	C	Q	L	G	Q	D	F	F	K	L	C	V
C	O	U	N	F	K	D	D	F	N	J	N	R	Y	I	L	K	D	B
P	W	Y	G	Z	J	C	Z	J	X	S	Q	F	V	A	S	Y	F	G
I	M	D	T	K	P	K	N	I	A	R	Z	B	J	X	F	L	X	Q
T	P	N	L	M	J	X	Q	W	L	H	V	R	F	K	Z	M	S	X
X	O	P	X	P	I	Z	B	C	C	A	T	K	B	O	V	I	K	U
V	W	Z	O	K	H	J	W	R	T	R	V	S	H	X	D	G	O	Y
F	K	U	P	D	P	C	W	C	N	N	I	I	D	E	Z	T	X	T
B	E	B	L	E	Q	W	A	H	F	L	Q	P	P	Y	M	J	I	M
W	I	X	S	P	D	R	R	Y	S	O	R	O	P	J	L	L	O	D
N	W	M	T	M	E	T	A	P	H	X	T	W	X	L	T	N	Z	G
G	Z	I	R	S	X	L	I	C	T	T	P	D	Z	I	E	P	W	Y
J	A	I	O	W	Z	R	Z	A	O	E	E	T	G	I	M	H	I	K
E	E	O	W	Y	T	A	W	C	X	G	B	E	D	P	D	A	P	M
X	Z	U	N	F	N	F	X	A	G	T	S	G	G	S	W	M	Y	C
B	I	X	O	L	C	O	W	A	I	U	V	C	N	H	S	C	P	G
F	I	T	N	E	S	S	R	B	N	Q	Z	Z	X	I	P	X	N	F
R	M	E	Z	Z	Y	W	T	D	V	N	P	T	I	J	R	A	C	O
L	A	C	H	S	V	L	H	W	W	B	X	Z	U	N	C	T	F	W
C	G	N	W	F	P	E	X	U	O	M	B	F	U	V	I	T	S	U
Y	Z	H	G	M	I	W	F	P	C	X	J	W	E	Q	O	D	E	N
V	P	L	H	T	A	P	A	L	R	I	G	U	T	S	H	O	T	O
C	F	D	T	F	M	C	R	X	B	M	U	H	U	W	B	T	S	L

10

GUTSHOT
TILT
GESUNDHEIT
RANG
RAGGED

TRIPS
CRIPPLE
FITNESS
SIDEPOT
STRINGBET

Lösung

L	C	V	D	E	D	J	S	J	Z	U	W	F	Y	F	T	J	L	S
T	E	T	G	D	C	C	C	Q	L	G	Q	D	F	F	K	L	C	V
C	O	U	N	F	K	D	D	F	N	J	N	R	Y	I	L	K	D	B
P	W	Y	G	Z	J	C	Z	J	X	S	Q	F	V	A	S	Y	F	G
I	M	D	T	K	P	K	N	I	A	R	Z	B	J	X	F	L	X	Q
T	P	N	L	M	J	X	Q	W	L	H	V	R	F	K	Z	M	S	X
X	O	P	X	P	I	Z	B	C	C	A	T	K	B	O	V	I	K	U
V	W	Z	O	K	H	J	W	R	T	R	V	S	H	X	D	G	O	Y
F	K	U	P	D	P	C	W	C	N	N	I	I	D	E	Z	T	X	T
B	E	B	L	E	Q	W	A	H	F	L	Q	P	P	Y	M	J	I	M
W	I	X	S	P	D	R	R	Y	S	O	R	O	P	J	L	L	O	D
N	W	M	T	M	E	T	A	P	H	X	T	W	X	L	T	N	Z	G
G	Z	I	R	S	X	L	I	C	T	T	P	D	Z	I	E	P	W	Y
J	A	I	O	W	Z	R	Z	A	O	E	E	T	G	I	M	H	I	K
E	E	O	W	Y	T	A	W	C	X	G	B	E	D	P	D	A	P	M
X	Z	U	N	F	N	F	X	A	G	T	S	G	G	S	W	M	Y	C
B	I	X	O	L	C	O	W	A	I	U	V	C	N	H	S	C	P	G
F	I	T	N	E	S	S	R	B	N	Q	Z	Z	X	I	P	X	N	F
R	M	E	Z	Z	Y	W	T	D	V	N	P	T	I	J	R	A	C	O
L	A	C	H	S	V	L	H	W	W	B	X	Z	U	N	C	T	F	W
C	G	N	W	F	P	E	X	U	O	M	B	F	U	V	I	T	S	U
Y	Z	H	G	M	I	W	F	P	C	X	J	W	E	Q	O	D	E	N
V	P	L	H	T	A	P	A	L	R	I	G	U	T	S	H	O	T	O
C	F	D	T	F	M	C	R	X	B	M	U	H	U	W	B	T	S	L

X	T	W	C	V	M	K	W	A	S	T	P	E	D	V	M	J	I	X
P	K	A	B	B	R	U	C	H	T	G	O	Y	V	S	P	T	I	A
G	N	G	L	W	Z	V	E	R	D	E	C	K	E	N	K	I	A	I
B	X	L	N	E	C	S	K	O	Q	F	T	V	M	E	Q	Z	F	G
P	F	L	O	P	Z	C	R	I	I	V	O	D	I	E	U	B	G	N
P	C	R	X	F	G	O	K	A	N	Y	P	H	B	Z	B	X	N	U
A	H	X	H	H	E	R	R	A	I	S	E	B	W	V	J	Q	N	R
P	T	U	X	C	I	E	W	H	N	N	Y	G	L	R	M	Z	N	H
R	E	Z	B	S	U	C	J	U	P	V	B	P	P	U	P	P	Y	E
P	O	A	L	F	G	A	D	I	D	J	C	O	X	Y	F	A	J	A
T	B	F	O	D	D	R	K	A	C	O	N	W	W	X	L	F	E	N
M	A	P	C	X	Z	D	N	K	K	Y	Z	X	N	B	Q	C	N	R
P	Q	L	Y	I	X	X	X	J	N	T	X	M	L	A	N	A	F	E
I	D	U	E	K	G	L	X	E	E	Q	R	N	S	V	I	X	Y	B
U	E	A	N	R	S	U	R	I	E	Q	G	S	L	X	B	Y	C	V
G	B	Q	F	G	L	Y	J	E	F	L	Y	A	L	M	R	Q	G	O
V	K	K	G	L	B	M	Z	R	L	G	W	T	A	H	Q	V	J	E
P	F	O	K	X	L	P	A	A	U	T	E	E	M	K	E	X	C	G
W	B	L	E	H	L	X	C	M	I	C	J	L	K	L	F	W	L	W
G	P	L	C	P	U	B	F	N	V	Z	T	L	B	R	Y	M	T	I
I	A	V	D	N	Q	Y	W	Q	T	C	W	I	V	B	D	B	M	O
K	N	N	T	Y	B	F	L	N	K	Y	H	T	P	P	U	U	R	C
N	S	E	S	P	G	J	Y	F	R	V	V	E	M	M	H	B	N	E
R	A	Q	H	K	Q	Z	T	C	X	J	W	Q	J	V	E	G	Q	X

11

BUBBLE
RAISE
VERDECKEN
ABBRUCH
SNAP CALL
BLUFF
ERNAEHRUNG
SATELLITE
SCORECARD
RAINBOW FLOP

Lösung

X	T	W	C	V	M	K	W	A	S	T	P	E	D	V	M	J	I	X
P	K	A	B	B	R	U	C	H	T	G	O	Y	V	S	P	T	I	A
G	N	G	L	W	Z	V	E	R	D	E	C	K	E	N	K	I	A	I
B	X	L	N	E	C	S	K	O	Q	F	T	V	M	E	Q	Z	F	G
P	F	L	O	P	Z	C	R	I	I	V	O	D	I	E	U	B	G	N
P	C	R	X	F	G	O	K	A	N	Y	P	H	B	Z	B	X	N	U
A	H	X	H	H	E	R	R	A	I	S	E	B	W	V	J	Q	N	R
P	T	U	X	C	I	E	W	H	N	N	Y	G	L	R	M	Z	N	H
R	E	Z	B	S	U	C	J	U	P	V	B	P	P	U	P	P	Y	E
P	O	A	L	F	G	A	D	I	D	J	C	O	X	Y	F	A	J	A
T	B	F	O	D	D	R	K	A	C	O	N	W	W	X	L	F	E	N
M	A	P	C	X	Z	D	N	K	K	Y	Z	X	N	B	Q	C	N	R
P	Q	L	Y	I	X	X	X	J	N	T	X	M	L	A	N	A	F	E
I	D	U	E	K	G	L	X	E	E	Q	R	N	S	V	I	X	Y	B
U	E	A	N	R	S	U	R	I	E	Q	G	S	L	X	B	Y	C	V
G	B	Q	F	G	L	Y	J	E	F	L	Y	A	L	M	R	Q	G	O
V	K	K	G	L	B	M	Z	R	L	G	W	T	A	H	Q	V	J	E
P	F	O	K	X	L	P	A	A	U	T	E	E	M	K	E	X	C	G
W	B	L	E	H	L	X	C	M	I	C	J	L	K	L	F	W	L	W
G	P	L	C	P	U	B	F	N	V	Z	T	L	B	R	Y	M	T	I
I	A	V	D	N	Q	Y	W	Q	T	C	W	I	V	B	D	B	M	O
K	N	N	T	Y	B	F	L	N	K	Y	H	T	P	P	U	U	R	C
N	S	E	S	P	G	J	Y	F	R	V	V	E	M	M	H	B	N	E
R	A	Q	H	K	Q	Z	T	C	X	J	W	Q	J	V	E	G	Q	X

N	N	L	R	W	M	U	G	B	F	S	O	Z	S	P	O	R	L	R
K	C	G	V	G	F	S	F	O	S	F	O	L	V	E	C	P	A	W
W	P	P	H	M	L	K	Y	S	E	V	O	Z	X	F	Z	X	U	Q
X	Y	P	G	O	E	E	H	B	Z	L	U	T	L	T	A	M	U	D
P	I	I	W	T	N	T	N	Y	K	Y	J	W	U	J	P	N	T	B
X	P	R	R	O	T	C	E	N	N	O	C	E	K	C	H	F	S	T
G	F	G	N	X	Y	O	T	I	K	Y	H	Y	A	V	C	S	Q	W
D	O	V	R	K	F	E	L	A	B	K	Y	T	S	K	L	K	L	Z
Z	X	S	B	H	S	P	S	D	E	Z	T	L	K	T	G	Y	E	K
Q	J	S	P	D	V	J	T	Z	P	B	C	F	H	Z	A	J	V	P
D	J	F	K	W	P	S	R	D	D	G	Q	A	S	G	X	W	B	G
M	I	J	T	N	J	Q	V	A	V	O	J	F	S	Y	Y	X	Y	I
G	U	Q	B	C	P	M	C	Y	K	R	K	W	I	I	K	T	J	H
W	F	J	X	E	A	F	Q	C	S	E	C	D	O	R	W	Q	N	H
F	R	R	Z	L	J	L	A	L	T	Z	A	E	D	A	B	O	S	X
M	F	R	J	I	W	Z	L	U	R	J	R	P	L	A	Y	H	D	N
P	I	H	Q	P	M	E	Y	Y	A	A	C	Z	V	C	F	T	Y	H
H	S	N	F	T	O	O	B	Q	I	T	I	A	Q	O	S	Y	V	X
I	X	D	K	B	R	M	F	U	G	U	D	L	C	E	Q	Z	T	Z
V	E	J	G	W	C	C	T	Y	H	V	M	P	U	K	W	A	Q	G
V	U	U	U	G	H	F	I	H	T	F	R	H	C	O	G	E	H	Z
N	N	H	G	E	Q	I	Z	T	Q	S	J	F	U	T	I	C	Q	T
Q	A	C	W	B	B	R	J	M	P	R	X	A	M	R	T	V	U	J
H	Y	O	V	I	E	Z	S	X	N	I	Q	H	T	H	P	C	W	A

12

CRACK
RAKE
CUTOFF
CONNECTOR
STRAIGHT

TOKE
CALL
SLOW PLAY
FANS
BAD BEAT

Lösung

N	N	L	R	W	M	U	G	B	F	S	O	Z	S	P	O	R	L	R
K	C	G	V	G	F	S	F	O	S	F	O	L	V	E	C	P	A	W
W	P	P	H	M	L	K	Y	S	E	V	O	Z	X	F	Z	X	U	Q
X	Y	P	G	O	E	E	H	B	Z	L	U	T	L	T	A	M	U	D
P	I	I	W	T	N	T	N	Y	K	Y	J	W	U	J	P	N	T	B
X	P	R	R	O	T	C	E	N	N	O	C	E	K	C	H	F	S	T
G	F	G	N	X	Y	O	T	I	K	Y	H	Y	A	V	C	S	Q	W
D	O	V	R	K	F	E	L	A	B	K	Y	T	S	K	L	K	L	Z
Z	X	S	B	H	S	P	S	D	E	Z	T	L	K	T	G	Y	E	K
Q	J	S	P	D	V	J	T	Z	P	B	C	F	H	Z	A	J	V	P
D	J	F	K	W	P	S	R	D	D	G	Q	A	S	G	X	W	B	G
M	I	J	T	N	J	Q	V	A	V	O	J	F	S	Y	Y	X	Y	I
G	U	Q	B	C	P	M	C	Y	K	R	K	W	I	I	K	T	J	H
W	F	J	X	E	A	F	Q	C	S	E	C	D	O	R	W	Q	N	H
F	R	R	Z	L	J	L	A	L	T	Z	A	E	D	A	B	O	S	X
M	F	R	J	I	W	Z	L	U	R	J	R	P	L	A	Y	H	D	N
P	I	H	Q	P	M	E	Y	Y	A	A	C	Z	V	C	F	T	Y	H
H	S	N	F	T	O	O	B	Q	I	T	I	A	Q	O	S	Y	V	X
I	X	D	K	B	R	M	F	U	G	U	D	L	C	E	Q	Z	T	Z
V	E	J	G	W	C	C	T	Y	H	V	M	P	U	K	W	A	Q	G
V	U	U	U	G	H	F	I	H	T	F	R	H	C	O	G	E	H	Z
N	N	H	G	E	Q	I	Z	T	Q	S	J	F	U	T	I	C	Q	T
Q	A	C	W	B	B	R	J	M	P	R	X	A	M	R	T	V	U	J
H	Y	O	V	I	E	Z	S	X	N	I	Q	H	T	H	P	C	W	A

F D C T S A K F I S E O F D E S Z A F
M H X J E X C C E Y M A Q D W Z T B S
I W T L C L S L M U Z M F R X B W M L
P Q L P C N E N E P A S A O S R Y C I
U A Q H U Y V J N D Y I N N H E A D S
F Z I G L H O E E B N Z D T J K W F A
K K C W T W H P H B I Z L O A S P M F
E D D M J Q S H O Y T X E B I M A J X
T X W O Z O L W V Q X I G K T F O S Q
Z O E E T Z W L P H H A S E T T X G J
R T W S X P O L A Y G E I Q Q F C C H
I I C I P T O O J C O M E M G C M G V
I H T A P D P P G T R C R S R C J H L
B I B R E P W W K U V E P A Q O B P E
J B S C E V M S D I I S V S O H J X K
B O N Q D U K F A L Y M T O I P K W H
Z K P G X O F X Y R Q D E R F H U D V
W A R I A P   P O T N J I K S F U L B
B O Y U B X U Z T K Z F H X F L K K I
S S P U G S K D D O N E F L A Q E W H
Z Y K E W G W F J D A A H C Q E V J B
P J L H N N N D U R H M J Z M L K U V
U Y O K N M Y X K M L O Z V F D L A M
H K N A L B H W W S D N V L Q D N A H

13

TOP PAIR
OPEN RAISE
SHOVE
MADE HAND
RAINBOW

HEADS UP
OVERCALL
FALLE
BLANK
PREISGELD

Lösung

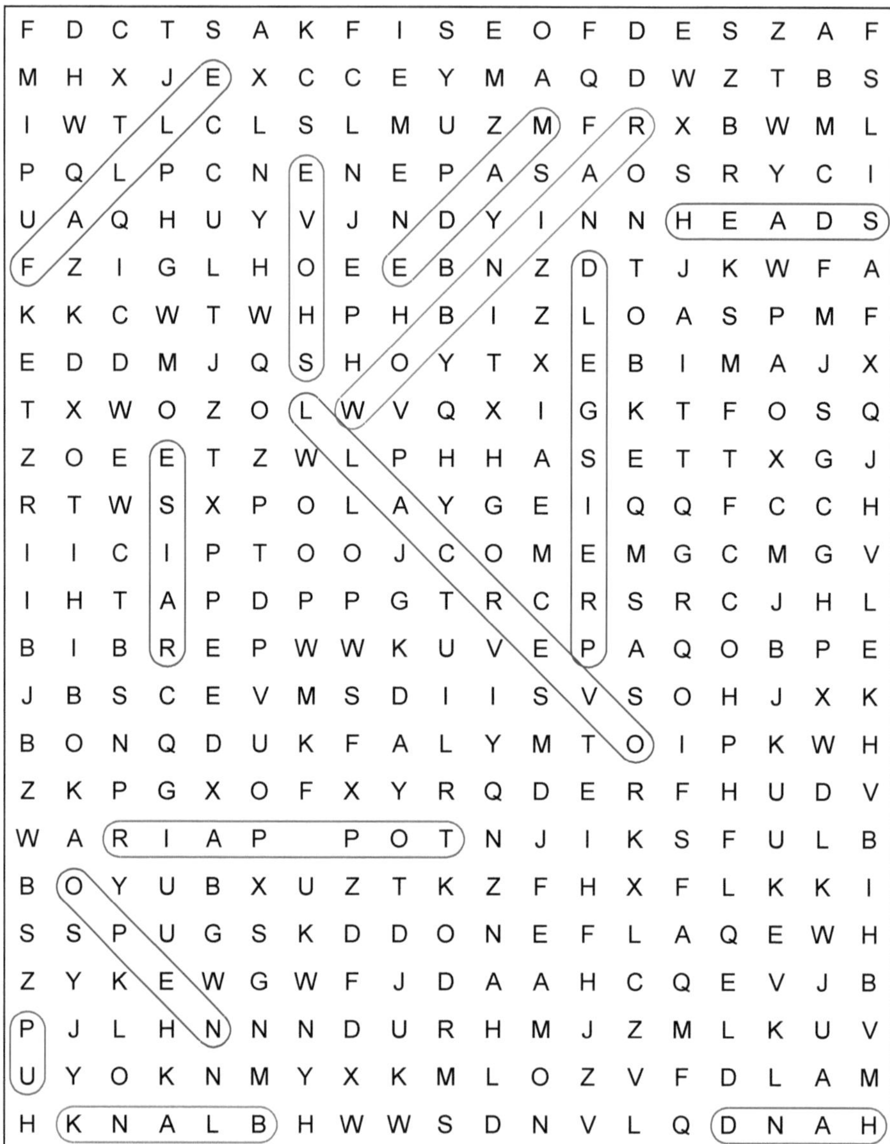

Y I U L Q K G S V K S U D B B F H M F
G L U S U X T S V G F B Q C M Q X U M
K S M H F G K I L L U W I I G T C R O
B Z L K W M E C W D Y U Z P F P C Y R
K U O E L O H X W C J P N X D M M U G
H C M O Y J R H W B Y H L N C Q I V A
M X J O O R N M A N A G E M E N T F M
C K M R R U I Y N B X F Q M G G R R M
P R E F A O E M Y I Q F K C A M G Y N
L A E R W K O K O V E N K P B H V F W
C S S R A P E D U D D D V D I C G D P
Y T O E E P F B K B G I E V T K T M M
E D M Z R K M T A C I C T R T C Y U I
A D Z J D U O G K C A S U A L I E M W
V D T K N E J R E X K B F Z S A M R I
Y A B L O N L J D X B W R E V C G I O
U M F E N O I T A R T N E Z N O K E L
B G H W T B S U K O F K G E B P Y X N
Y J M B T G F R W D R E B S N Z R B K
G D M I Q Q H Y F A O R Q F T G C B V
L Z G O U E Y X X B T D K I V E R W C
V F L Q L Z E N V U U D P P S D B O B
E Q A U X W E T X H W N S D R A C K E
V P Y L M T H Z A L Y D S Q T O B W E

BUY IN
BACKDOOR
RAKEBACK
KONZENTRATION
NIEDERLAGE

REKORD
NO LIMIT
HOLE CARDS
MANAGEMENT
FOKUS

Lösung

Y	I	U	L	Q	K	G	S	V	K	S	U	D	B	B	F	H	M	F
G	L	U	S	U	X	T	S	V	G	F	B	Q	C	M	Q	X	U	M
K	S	M	H	F	G	K	I	L	L	U	W	I	I	G	T	C	R	O
B	Z	L	K	W	M	E	C	W	D	Y	U	Z	P	F	P	C	Y	R
K	U	O	E	L	O	H	X	W	C	J	P	N	X	D	M	M	U	G
H	C	M	O	Y	J	R	H	W	B	Y	H	L	N	C	Q	I	V	A
M	X	J	O	O	R	N	M	A	N	A	G	E	M	E	N	T	F	M
C	K	M	R	R	U	I	Y	N	B	X	F	Q	M	G	G	R	R	M
P	R	E	F	A	O	E	M	Y	I	Q	F	K	C	A	M	G	Y	N
L	A	E	R	W	K	O	K	O	V	E	N	K	P	B	H	V	F	W
C	S	S	R	A	P	E	D	U	D	D	D	V	D	I	C	G	D	P
Y	T	O	E	E	P	F	B	K	B	G	I	E	V	T	K	T	M	M
E	D	M	Z	R	K	M	T	A	C	I	C	T	R	T	C	Y	U	I
A	D	Z	J	D	U	O	G	K	C	A	S	U	A	L	I	E	M	W
V	D	T	K	N	E	J	R	E	X	K	B	F	Z	S	A	M	R	I
Y	A	B	L	O	N	L	J	D	X	B	W	R	E	V	C	G	I	O
U	M	F	E	N	O	I	T	A	R	T	N	E	Z	N	O	K	E	L
B	G	H	W	T	B	S	U	K	O	F	K	G	E	B	P	Y	X	N
Y	J	M	B	T	G	F	R	W	D	R	E	B	S	N	Z	R	B	K
G	D	M	I	Q	Q	H	Y	F	A	O	R	Q	F	T	G	C	B	V
L	Z	G	O	U	E	Y	X	X	B	T	D	K	I	V	E	R	W	C
V	F	L	Q	L	Z	E	N	V	U	U	D	P	P	S	D	B	O	B
E	Q	A	U	X	W	E	T	X	H	W	N	S	D	R	A	C	K	E
V	P	Y	L	M	T	H	Z	A	L	Y	D	S	Q	T	O	B	W	E

R E U F H F L C V R J N M D Y U I P X
Z D O G Q P U W E G C G Z U F D E C J
U C D O O N T B V L N T U O F T E E E
C K Q E B I I W E C N M W H S V W A L
O A T V H V B U I A O O Z F W I P X G
L Q G B K W A B F K Y V I O G U P K Y
Y R Q J J H K M W Z N K J T Y U B Y C
M S G C M H I G K W K V Y E A D K D N
U O J A Q U S N S E R H U Q V T U T M
C S G I B V Y K H K S O T S J F S A F
P G E R X W Z D V C Q Y N X J N N V X
J L N E W A R R C O W R V B P I Q O S
F B J R H P T D S R U N T S A G G C N
V V H E C F W V M X F W K C G C O I M
S I S M Q Z T G K I E U P V W L R P X
P W F R A P D F X I I R N G G M S E B
B S R M W V Q U V H O U N U F D G B J
C P G V A J B R C T K V R P B J G X H
F K I N R L E A E D X T O T O N X H T
B J T T I T J C I Y E L C T Q Q F M T
E W S Y N L T C Y B R C L E B N M K G
M V Z I K A L S W V O A C U R J R P P
Q B Z S W M V A P Q E S S S H N N F I
O C D M F J P J C H N E W B I P C L Q

15

PROTECT
BETRUG
OUT
CASE
DOG

HIT
ROCK
CALLING STATION
MANIAC
INTERVIEW

Lösung

R E U F H F L C V R J N M D Y U I P X
Z D O G Q P U W E G C G Z U F D E C J
U C D O O N T B V L N T U O F T E E E
C K Q E B I I W E C N M W H S V W A L
O A T V H V B U I A O O Z F W I P X G
L Q G B K W A B F K Y V I O G U P K Y
Y R Q J J H K M W Z N K J T Y U B Y C
M S G C M H I G K W K V Y E A D K D N
U O J A Q U S N S E R H U Q V T U T M
C S G I B V Y K H K S O T S J F S A F
P G E R X W Z D V C Q Y N X J N N V X
J L N E W A R R C O W R V B P I Q O S
F B J R H P T D S R U N T S A G G C N
V V H E C F W V M X F W K C G C O I M
S I S M Q Z T G K I E U P V W L R P X
P W F R A P D F X I I R N G G M S E B
B S R M W V Q U V H O U N U F D G B J
C P G V A J B R C T K V R P B J G X H
F K I N R L E A E D X T O T O N X H T
B J T T I T J C I Y E L C T Q Q F M T
E W S Y N L T C Y B R C L E B N M K G
M V Z I K A L S W V O A C U R J R P P
Q B Z S W M V A P Q E S S S H N N F I
O C D M F J P J C H N E W B I P C L Q

E	E	J	N	Z	B	I	Z	I	M	A	J	B	B	T	V	Q	J	U
B	Z	V	C	D	K	D	O	E	R	A	M	G	S	V	W	E	P	N
F	A	C	O	B	L	X	M	C	M	Z	C	H	E	R	A	U	A	X
P	A	R	V	R	E	X	P	E	C	T	E	D	U	K	D	W	V	A
I	O	J	R	R	G	N	U	T	S	A	L	E	B	P	C	R	R	D
I	L	T	Z	E	M	J	I	M	X	Y	J	F	S	P	M	V	U	L
L	O	B	L	D	L	U	M	N	S	H	O	W	D	O	W	N	Y	U
G	U	O	F	I	C	N	E	N	W	A	Q	Y	C	C	I	I	K	V
I	P	Q	S	P	M	J	D	N	A	H	L	I	Q	F	C	F	I	C
U	E	I	Q	W	G	I	W	H	C	D	H	E	T	L	J	T	J	O
T	K	G	O	B	F	W	T	S	R	J	J	J	W	U	T	I	L	M
X	X	K	W	R	K	Z	R	A	K	S	I	O	H	S	Z	Z	Z	E
L	J	P	Y	M	I	Y	R	B	Y	F	U	H	I	H	I	P	P	Q
F	C	F	O	Y	K	B	O	D	Y	H	O	Z	Q	D	D	M	U	V
N	T	C	K	M	N	S	N	L	S	H	I	V	X	R	I	V	R	L
H	R	H	P	H	P	B	I	Z	S	G	A	F	I	K	J	W	K	K
C	N	K	X	D	L	I	B	A	E	I	M	E	A	R	P	C	L	P
U	E	R	E	D	Y	Y	C	L	C	V	H	M	T	X	Q	R	X	F
A	E	T	U	Y	I	N	R	U	O	K	E	H	C	D	O	X	N	P
E	Z	I	L	N	I	D	V	U	P	L	E	M	F	D	H	D	G	B
A	W	C	A	M	F	C	U	O	E	P	Z	J	S	R	T	G	V	N
I	R	J	V	L	J	J	U	D	N	D	K	S	S	I	V	U	O	T
W	A	W	U	X	M	M	L	K	M	L	Z	G	T	H	S	W	Y	L
L	P	Z	O	T	F	D	S	N	A	E	Y	Q	E	T	I	P	M	D

16

PRAEMIE
POTLIMIT
FLUSH
THIRD BARREL
EXPECTED VALUE

BILD
MINCASH
BELASTUNG
COME HAND
SHOWDOWN

Lösung

E	E	J	N	Z	B	I	Z	I	M	A	J	B	B	T	V	Q	J	U
B	Z	V	C	D	K	D	O	E	R	A	M	G	S	V	W	E	P	N
F	A	C	O	B	L	X	M	C	M	Z	C	H	E	R	A	U	A	X
P	A	R	V	R	E	X	P	E	C	T	E	D	U	K	D	W	V	A
I	O	J	R	R	G	N	U	T	S	A	L	E	B	P	C	R	R	D
I	L	T	Z	E	M	J	I	M	X	Y	J	F	S	P	M	V	U	L
L	O	B	L	D	L	U	M	N	S	H	O	W	D	O	W	N	Y	U
G	U	O	F	I	C	N	E	N	W	A	Q	Y	C	C	I	I	K	V
I	P	Q	S	P	M	J	D	N	A	H	L	I	Q	F	C	F	I	C
U	E	I	Q	W	G	I	W	H	C	D	H	E	T	L	J	T	J	O
T	K	G	O	B	F	W	T	S	R	J	J	J	W	U	T	I	L	M
X	X	K	W	R	K	Z	R	A	K	S	I	O	H	S	Z	Z	Z	E
L	J	P	Y	M	I	Y	R	B	Y	F	U	H	I	H	I	P	P	Q
F	C	F	O	Y	K	B	O	D	Y	H	O	Z	Q	D	D	M	U	V
N	T	C	K	M	N	S	N	L	S	H	I	V	X	R	I	V	R	L
H	R	H	P	H	P	B	I	Z	S	G	A	F	I	K	J	W	K	K
C	N	K	X	D	L	I	B	A	E	I	M	E	A	R	P	C	L	P
U	E	R	E	D	Y	Y	C	L	C	V	H	M	T	X	Q	R	X	F
A	E	T	U	Y	I	N	R	U	O	K	E	H	C	D	O	X	N	P
E	Z	I	L	N	I	D	V	U	P	L	E	M	F	D	H	D	G	B
A	W	C	A	M	F	C	U	O	E	P	Z	J	S	R	T	G	V	N
I	R	J	V	L	J	J	U	D	N	D	K	S	S	I	V	U	O	T
W	A	W	U	X	M	M	L	K	M	L	Z	G	T	H	S	W	Y	L
L	P	Z	O	T	F	D	S	N	A	E	Y	Q	E	T	I	P	M	D

O	M	L	B	P	F	H	E	P	C	G	T	W	U	F	T	H	X	A
A	F	R	E	G	E	A	C	W	R	I	E	N	B	E	H	Q	M	G
U	J	A	F	Y	J	M	X	D	U	L	K	O	W	Z	I	B	T	Q
Z	L	B	V	Y	T	A	T	S	O	D	U	G	B	G	N	X	X	E
F	Q	E	R	T	Z	G	F	O	H	T	U	P	G	Z	H	M	S	N
F	R	Z	E	G	Q	F	S	X	S	A	W	M	J	G	D	K	K	E
L	D	T	N	Z	O	E	N	U	F	D	R	U	Y	V	U	I	O	P
K	E	W	E	K	I	F	X	R	D	J	G	C	V	U	P	N	J	M
B	T	P	B	U	Q	E	V	S	A	N	I	Z	U	Y	U	J	Q	I
P	S	O	E	B	R	C	E	N	H	H	K	S	U	F	I	N	N	L
O	I	M	G	I	Q	O	O	R	N	C	N	G	Q	S	L	G	C	J
C	G	I	J	C	I	Z	Z	T	F	Q	T	B	J	I	U	Q	G	H
R	O	D	M	F	A	N	V	M	G	W	L	C	G	X	R	O	M	L
T	I	H	W	W	G	P	Y	I	F	E	N	P	F	T	I	B	H	I
Y	Z	T	T	O	O	O	W	A	U	G	B	K	I	N	P	D	A	V
R	H	U	I	X	R	H	V	S	D	L	I	Q	O	E	S	Q	T	I
W	E	L	J	S	G	A	J	U	Q	I	T	H	G	T	B	D	P	D
S	C	D	F	Z	B	K	X	B	H	J	P	R	S	R	G	R	N	U
B	H	O	S	L	S	A	R	W	N	B	H	I	W	K	O	Y	U	A
W	I	S	R	Q	S	I	M	Y	P	A	N	P	T	S	N	Z	K	U
K	A	A	S	M	S	Y	K	X	N	B	L	I	N	D	F	F	E	A
U	G	T	B	N	U	Q	V	P	W	K	W	F	K	T	C	A	R	D
Q	C	S	H	B	F	E	I	F	S	S	C	A	C	T	I	O	N	G
C	K	P	S	S	Y	W	R	B	V	K	P	B	X	O	N	C	F	B

BLIND	FREE CARD
LIMPEN	OUTS
GEBEN	CAP
ACTION	LOOSE
OFFSUIT	SIT AND GO

Lösung

O M L B P F H E P C G T W U F T H X A
A F R E G E A C W R I E N B E H Q M G
U J A F Y J M X D U L K O W Z I B T Q
Z L B V Y T A T S O D U G B G N X X E
F Q E R T Z G F O H T U P G Z H M S N
F R Z E G Q F S X S A W M J G D K K E
L D T N Z O E N U F D R U Y V U I O P
K E W E K I F X R D J G C V U P N J M
B T P B U Q E V S A N I Z U Y U J Q I
P S O E B R C E N H H K S U F I N N L
O I M G I Q O O R N C N G Q S L G C J
C G I J C I Z Z T F Q T B J I U Q G H
R O D M F A N V M G W L C G X R O M L
T I H W W G P Y I F E N P F T I B H I
Y Z T T O O O W A U G B K I N P D A V
R H U I X R H V S D L I Q O E S Q T I
W E L J S G A J U Q I T H G T B D P D
S C D F Z B K X B H J P R S R G R N U
B H O S L S A R W N B H I W K O Y U A
W I S R Q S I M Y P A N P T S N Z K U
K A A S M S Y K X N B L I N D F F E A
U G T B N U Q V P W K W F K T C A R D
Q C S H B F E I F S S C A C T I O N G
C K P S S Y W R B V K P B X O N C F B

I	N	Q	F	O	Q	O	G	B	E	T	N	I	C	F	H	U	P	O
L	F	R	A	X	E	K	C	M	Y	V	R	Y	U	R	T	M	R	Q
I	O	H	U	T	V	K	J	F	R	L	I	M	I	T	F	D	B	M
T	U	C	U	T	X	C	O	P	N	C	G	P	P	U	Y	X	J	T
E	L	N	N	U	T	S	O	C	Z	U	N	O	U	A	H	D	L	R
S	O	R	U	M	I	F	C	C	B	W	B	J	C	X	W	T	O	L
U	N	T	T	J	W	Y	P	W	I	C	P	B	T	W	Z	P	Y	T
I	E	Y	Z	N	E	N	C	R	C	O	U	O	G	W	S	L	R	K
U	P	O	K	E	R	N	G	G	I	U	X	R	V	L	I	C	G	R
K	Z	R	U	J	L	I	C	W	R	I	D	R	I	V	N	P	L	X
V	Z	D	Y	T	O	H	V	C	F	T	J	J	G	P	Z	P	E	U
B	F	H	J	G	S	C	K	K	M	P	V	C	A	R	H	P	D	A
R	U	A	N	M	S	G	T	T	Z	J	K	P	Z	O	O	D	D	S
L	V	T	L	Z	L	W	F	S	D	N	F	I	V	U	G	Q	B	J
I	J	P	G	M	F	L	B	R	B	W	F	I	E	P	I	X	Q	U
L	H	N	F	F	O	P	F	I	F	N	X	S	Y	I	K	K	Y	Q
V	V	Q	L	L	A	Y	F	A	D	N	U	L	Y	R	C	Q	A	Y
G	D	J	M	D	M	B	Y	B	L	O	U	J	J	X	R	N	D	L
X	U	H	G	L	F	D	B	S	H	E	Y	W	V	N	D	M	N	V
Q	P	J	N	Q	N	M	D	K	U	S	U	B	N	D	Q	O	O	N
T	L	V	F	A	G	G	R	Y	M	K	K	Y	I	R	C	Z	R	A
J	I	G	Y	W	P	I	N	O	D	I	B	P	U	P	B	Z	Q	R
N	U	B	R	C	X	D	K	C	N	T	G	R	E	N	N	U	R	S
E	K	G	Q	I	U	Q	L	W	A	A	V	G	F	N	N	I	Z	K

HOUSE	FOUL
SET	RUNNER
NUTS	LIMIT
ALL IN	ODDS
TURN	POKERN

Lösung

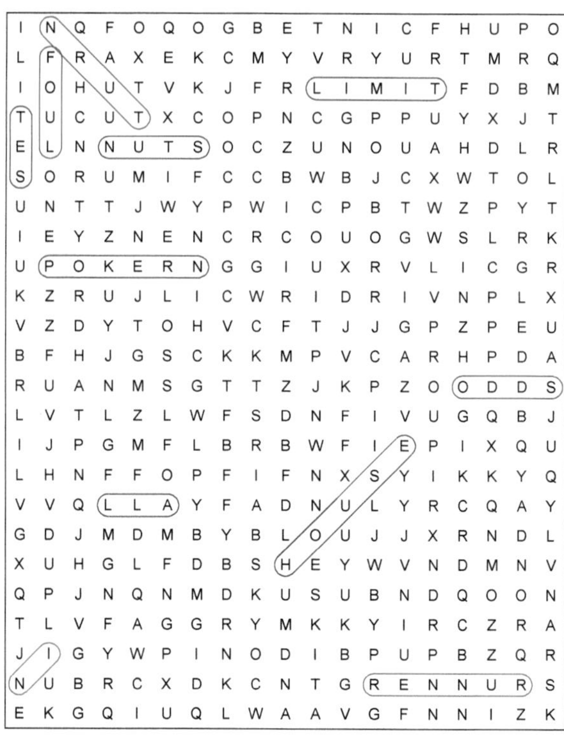

DAS

SKAT

WORTSUCHRÄTSEL BUCH

D	W	C	W	S	O	Z	H	C	H	O	L	R	P	F	R	Z	Q	O
G	M	F	H	D	G	I	M	Q	O	T	Q	K	H	X	I	O	B	D
V	F	N	B	H	H	Y	T	L	F	J	R	V	S	C	D	M	L	G
F	U	X	H	X	O	Z	W	J	U	S	V	Z	U	U	G	S	Y	D
O	E	X	K	P	T	R	B	X	T	V	O	F	R	X	Z	Y	S	W
H	F	U	K	E	J	R	E	U	L	T	K	C	R	C	N	Y	C	O
L	E	F	S	M	K	O	M	Y	N	Z	H	E	D	J	G	M	H	G
I	N	E	T	I	O	Z	N	K	Z	M	I	S	Q	N	U	I	M	C
L	B	E	K	Q	R	M	G	H	A	E	N	N	U	I	P	T	I	K
J	E	L	H	J	A	V	P	R	B	O	R	Z	T	L	J	T	E	I
B	X	F	W	E	K	W	S	J	R	D	I	Q	L	Q	N	E	R	O
E	S	Z	V	H	I	C	I	C	X	E	N	Q	I	Q	K	L	E	W
R	Z	B	W	B	H	Z	M	S	R	T	D	B	M	T	G	H	N	G
T	J	T	S	K	C	E	R	G	Z	F	Q	Y	T	U	Y	A	X	Y
I	O	D	A	A	J	Z	N	O	G	T	J	D	Q	Y	C	N	X	C
J	S	V	S	B	P	U	X	X	V	D	N	X	D	S	O	D	I	T
Z	U	C	S	B	R	S	H	S	P	U	D	A	A	L	N	L	T	P
X	D	X	V	P	U	D	H	Y	H	A	M	I	P	R	L	M	Q	G
S	U	P	S	M	N	X	L	A	Y	M	G	Z	E	E	J	P	P	T
L	W	Q	S	A	A	U	U	K	N	R	Y	T	K	U	Y	R	Q	W
Y	C	F	H	E	N	D	M	W	Q	D	N	D	M	U	F	Q	C	O
M	L	R	E	S	F	Y	J	P	T	U	N	W	N	L	V	E	Q	V
L	O	I	V	C	H	E	X	Z	B	A	O	H	N	I	W	G	F	B
V	B	N	O	W	F	C	S	T	W	T	T	L	Q	X	P	C	B	G

1

KARO
BUNTER HUND
BESETZT
HAND
SPRUNGREIZUNG

MITTELHAND
VORHAND
DURCHMARSCH
VORZIEHEN
SCHMIEREN

Lösung

D W C W S O Z H C H O L R P F R Z Q O
G M F H D G I M Q O T Q K H X I O B D
V F N B H H Y T L F J R V S C D M L G
F U X H X O Z W J U S V Z U U G S Y D
O E X K P T R B X T V O F R X Z Y S W
H F U K E J R E U L T K C R C N Y C O
L E F S M K O M Y N Z H E D J G M H G
I N E T I O Z N K Z M I S Q N U I M C
L B E K Q R M G H A E N N U I P T I K
J E L H J A V P R B O R Z T L J T E I
B X F W E K W S J R D I Q L Q N E R O
E S Z V H I C I C X E N Q I Q K L E W
R Z B W B H Z M S R T D B M T G H N G
T J T S K C E R G Z F Q Y T U Y A X Y
I O D A A J Z N O G T J D Q Y C N X C
J S V S B P U X X V D N X D S O D I T
Z U C S B R S H S P U D A A L N L T P
X D X V P U D H Y H A M I P R L M Q G
S U P S M N X L A Y M G Z E E J P P T
L W Q S A A U U K N R Y T K U Y R Q W
Y C F H E N D M W Q D N D M U F Q C O
M L R E S F Y J P T U N W N L V E Q V
L O I V C H E X Z B A O H N I W G F B
V B N O W F C S T W T T L Q X P C B G

A H O G G R T C C V Z P K P Q E J M C
H E E V V R F F Y O Y C D C W B K C L
J Y Q T P P H L S L O G Z R D G J L I
C W W T W M F M G L B H E S X Y W A Y
V K J L J D J M J E V L Y R M G S C Z
S S P O S D A Z D S E F K Q T X P N U
X R P K K M V H R I J G A T F I G F W
I B T T Y B C C P G Y I P O N R K Y O
Q U J I Y Z F S A O F W L M I Z C X H
T Y C X F S N C E B R A F Q Z Q G O V
B Y A E J E N V U R L H Z E T B N S P
L S C G G F W Q P J V H S L I Y U P V
G K Z E L G M H N M W L P T B W Z I N
H M G W V Q O R Y Y A E P C E K I E S
L C U J R J C M H Z T B R S I I E L C
K H F G C B U O U Y J V M C K A R S W
F V I H W L H B J H X E W H N G E T S
K N N K Q W S Z I S F W O E R Y B A B
G Q D S A G E Z X Q D D B R I S E N F
O G V G Y H O U V E R T M E J Q H D M
F H B I P F I P B U Z A G I K O F B P
T Y H S Y Q Z I P A T R P H M B X K V
B S M V N E L E I P S N I E Y T U J G
G L W Z N T R T N K E R R U M X I Z N

2

RE
KIEBITZ
OUVERT
FARBE
SCHERE

HEBEREIZUNG
GEGENSPIELER
EINSPIELEN
SPIELSTAND
VOLLES

Lösung

A H O G G R T C C V Z P K P Q E J M C
H E E V V R F F Y O Y C D C W B K C L
J Y Q T P P H L S L O G Z R D G J L I
C W W T W M F M G L B H E S X Y W A Y
V K J L J D J M J E V L Y R M G S C Z
S S P O S D A Z D S E F K Q T X P N U
X R P K K M V H R I J G A T F I G F W
I B T T Y B C C P G Y I P O N R K Y O
Q U J I Y Z F S A O F W L M I Z C X H
T Y C X F S N C E B R A F Q Z Q G O V
B Y A E J E N V U R L H Z E T B N S P
L S C G G F W Q P J V H S L I Y U P V
G K Z E L G M H N M W L P T B W Z I N
H M G W V Q O R Y Y A E P C E K I E S
L C U J R J C M H Z T B R S I I E L C
K H F G C B U O U Y J V M C K A R S W
F V I H W L H B J H X E W H N G E T S
K N N K Q W S Z I S F W O E R Y B A B
G Q D S A G E Z X Q D D B R I S E N F
O G V G Y H O U V E R T M E J Q H D M
F H B I P F I P B U Z A G I K O F B P
T Y H S Y Q Z I P A T R P H M B X K V
B S M V N E L E I P S N I E Y T U J G
G L W Z N T R T N K E R R U M X I Z N

V	U	E	F	L	D	Y	Z	P	M	M	L	T	I	L	J	Q	N	T
V	F	J	F	Z	D	O	B	H	K	Y	J	L	H	U	N	N	T	U
I	V	Y	Y	M	T	B	E	P	Q	O	S	P	I	U	G	J	J	S
E	M	W	Y	D	A	V	E	Z	B	S	X	K	P	C	G	A	P	Q
X	B	O	P	N	N	F	F	C	V	L	M	V	X	Q	X	U	V	Q
O	O	E	A	E	N	O	K	M	C	L	F	V	I	G	N	Z	R	X
G	H	B	B	I	T	B	M	N	H	T	G	B	S	K	L	M	A	V
J	N	B	K	M	M	P	P	N	Y	F	Z	J	T	S	O	O	M	D
K	O	C	M	E	H	H	U	P	G	B	M	E	C	U	Z	E	S	S
I	D	E	D	A	T	E	G	W	S	A	S	N	D	U	V	Y	C	H
Z	I	N	N	R	G	A	D	T	R	T	F	E	E	I	L	S	H	F
F	V	S	B	P	C	I	R	V	A	B	M	F	U	A	P	Y	S	J
O	P	H	I	D	F	E	A	N	Y	A	L	I	P	S	B	V	A	E
C	X	M	T	A	U	J	D	K	D	J	E	C	L	M	B	B	I	N
J	P	X	L	X	F	D	I	E	L	X	C	H	I	E	A	S	Z	F
O	F	L	I	C	R	D	H	H	X	O	O	F	N	A	W	I	F	Y
G	E	I	L	B	G	F	M	V	S	C	P	E	T	P	L	I	A	V
P	J	L	C	D	B	C	Y	Z	T	K	W	F	T	X	I	W	V	F
D	T	L	C	R	W	N	J	W	H	J	G	P	E	P	V	U	J	D
G	T	X	M	K	P	K	J	P	F	S	W	B	R	N	A	B	J	J
Q	I	S	D	A	X	Y	A	L	E	I	P	S	L	L	U	N	S	F
P	C	P	N	Q	Q	V	S	U	G	E	D	N	U	R	K	C	O	B
W	G	L	Z	A	W	L	U	B	G	G	O	X	P	J	E	E	B	U
B	I	G	D	W	F	W	J	S	E	Y	Z	M	I	S	C	H	E	N

PUNKTESTAND
BOCKRUNDE
PRAEMIE
KLOPFEN
DAME

FANS
FALLE
RAMSCH
NULLSPIEL
MISCHEN

Lösung

V U E F L D Y Z P M M L T I L J Q N T

V F J F Z D O B H K Y J L H U N N T U

I V Y Y M T B E P Q O S P I U G J J S

E M W Y D A V E Z B S X K P C G A P Q

X B O P N N F F C V L M V X Q X U V Q

O O E A E N O K M C L F V I G N Z R X

G H B B I T B M N H T G B S K L M A V

J N B K M M P P N Y F Z J T S O O M D

K O C M E H H U P G B M E C U Z E S S

I D E D A T E G W S A S N D U V Y C H

Z I N N R G A D T R T F E E I L S H F

F V S B P C I R V A B M F U A P Y S J

O P H I D F E A N Y A L I P S B V A E

C X M T A U J D K D J E C L M B B I N

J P X L X F D I E L X C H I E A S Z F

O F L I C R D H H X O O F N A W I F Y

G E I L B G F M V S C P E T P L I A V

P J L C D B C Y Z T K W F T X I W V F

D T L C R W N J W H J G P E P V U J D

G T X M K P K J P F S W B R N A B J J

Q I S D A X Y A L E I P S L L U N S F

P C P N Q Q V S U G E D N U R K C O B

W G L Z A W L U B G G O X P J E E B U

B I G D W F W J S E Y Z M I S C H E N

U	J	R	B	W	U	N	S	C	H	K	O	N	Z	E	R	T	P	V
Z	Y	T	L	I	E	Q	B	C	Q	T	B	Z	L	K	E	Q	H	X
G	K	J	W	K	K	G	F	Q	F	B	G	X	G	F	G	Y	A	R
V	F	P	D	S	S	U	E	O	W	I	G	E	X	U	Z	P	B	U
I	Q	L	A	U	G	L	H	S	E	R	I	E	I	F	R	W	V	Q
X	L	B	V	W	U	Z	L	K	P	O	B	L	A	T	T	T	E	F
X	X	U	J	R	W	T	F	L	N	G	Y	D	P	Z	S	H	E	O
Z	J	T	X	U	T	F	A	G	J	V	T	E	U	I	D	B	L	B
G	U	T	E	S	R	B	R	J	J	E	S	C	I	K	E	A	A	B
M	M	E	N	E	U	P	B	D	I	G	S	P	E	S	P	U	J	A
A	D	R	I	Y	F	Q	E	H	N	O	S	A	Y	M	H	K	D	N
Y	T	N	U	B	C	B	T	L	H	B	H	L	N	D	D	I	H	Q
F	C	F	C	C	B	J	J	L	E	A	A	R	K	C	T	W	O	E
O	V	V	Z	I	V	Z	H	V	A	N	L	W	J	R	X	F	P	J
G	K	H	U	K	B	S	K	L	A	S	I	U	U	F	C	M	P	I
C	D	M	S	P	V	Q	X	R	J	U	C	A	G	J	X	Q	W	B
K	V	Y	Q	M	P	C	E	J	P	X	D	I	Q	S	Y	D	P	T
I	F	O	U	B	R	N	Y	A	L	M	E	C	K	E	P	C	E	K
V	D	B	Y	A	E	Q	O	B	S	G	K	S	Z	R	A	Q	U	C
J	H	A	W	G	L	R	Q	R	L	B	T	B	A	K	K	G	K	G
M	S	X	E	T	W	Y	N	W	D	P	R	C	T	C	F	N	N	B
C	W	G	O	N	B	X	F	J	J	L	D	I	K	C	Z	B	D	K
X	K	E	H	D	Y	M	L	F	Y	N	N	M	T	M	K	J	I	T
H	W	S	C	P	P	C	W	D	N	B	J	G	Q	L	W	L	A	D

NASE
BUTTERN
ABSTIEG
WUNSCHKONZERT
FEHLFARBE

GUTES BLATT
BETRUG
SERIE
GEGENERANALYSE
FREI

Lösung

U	J	R	B	W	U	N	S	C	H	K	O	N	Z	E	R	T	P	V
Z	Y	T	L	I	E	Q	B	C	Q	T	B	Z	L	K	E	Q	H	X
G	K	J	W	K	K	G	F	Q	F	B	G	X	G	F	G	Y	A	R
V	F	P	D	S	S	U	E	O	W	I	G	E	X	U	Z	P	B	U
I	Q	L	A	U	G	L	H	S	E	R	I	E	I	F	R	W	V	Q
X	L	B	V	W	U	Z	L	K	P	O	B	L	A	T	T	T	E	F
X	X	U	J	R	W	T	F	L	N	G	Y	D	P	Z	S	H	E	O
Z	J	T	X	U	T	F	A	G	J	V	T	E	U	I	D	B	L	B
G	U	T	E	S	R	B	R	J	J	E	S	C	I	K	E	A	A	B
M	M	E	N	E	U	P	B	D	I	G	S	P	E	S	P	U	J	A
A	D	R	I	Y	F	Q	E	H	N	O	S	A	Y	M	H	K	D	N
Y	T	N	U	B	C	B	T	L	H	B	H	L	N	D	D	I	H	Q
F	C	F	C	C	B	J	J	L	E	A	A	R	K	C	T	W	O	E
O	V	V	Z	I	V	Z	H	V	A	N	L	W	J	R	X	F	P	J
G	K	H	U	K	B	S	K	L	A	S	I	U	U	F	C	M	P	I
C	D	M	S	P	V	Q	X	R	J	U	G	A	G	J	X	Q	W	B
K	V	Y	Q	M	P	C	E	J	P	X	D	I	Q	S	Y	D	P	T
I	F	O	U	B	R	N	Y	A	L	M	E	C	K	E	P	C	E	K
V	D	B	Y	A	E	Q	O	B	S	G	K	S	Z	R	A	Q	U	C
J	H	A	W	G	L	R	Q	R	L	B	T	B	A	K	K	G	K	G
M	S	X	E	T	W	Y	N	W	D	P	R	C	T	C	F	N	N	B
C	W	G	O	N	B	X	F	J	J	L	D	I	K	C	Z	B	D	K
X	K	E	H	D	Y	M	L	F	Y	N	N	M	T	M	K	J	I	T
H	W	S	C	P	P	C	W	D	N	B	J	G	Q	L	W	L	A	D

C	R	K	W	S	Z	B	U	V	U	F	E	F	R	U	D	Z	P	A
D	I	C	I	N	L	Y	L	T	Z	V	N	J	M	R	E	S	B	F
N	V	A	S	N	D	C	E	W	C	M	K	C	U	I	U	H	E	T
M	D	Z	H	W	Q	B	Z	Q	D	J	G	E	M	J	E	E	O	V
F	V	J	C	C	D	F	N	E	R	Z	C	R	A	B	B	I	D	Q
Q	E	S	K	N	B	S	E	R	R	K	B	T	E	P	Y	S	Y	S
X	R	P	X	Y	H	D	W	Z	E	D	O	N	Q	B	C	W	C	S
D	M	J	H	E	P	L	N	N	L	O	T	G	D	H	B	L	O	I
I	X	T	W	Z	X	B	A	T	B	P	G	I	E	C	B	W	B	B
O	X	M	H	M	S	W	A	E	K	C	S	L	P	W	Q	C	Y	I
M	C	B	T	J	S	W	F	P	G	C	L	U	D	E	A	F	D	T
X	T	B	D	A	X	C	N	N	U	E	D	N	N	G	R	P	Y	R
E	E	R	X	N	X	E	U	K	N	I	M	R	G	N	F	V	S	L
Y	V	M	O	Q	D	D	P	I	S	A	U	N	A	U	X	Z	X	W
O	U	R	S	Q	N	Y	Z	T	G	K	M	M	N	B	P	G	P	S
D	M	D	X	I	U	V	N	K	U	Z	N	D	N	E	F	X	T	P
M	C	Y	F	Y	Z	Z	J	A	P	W	E	W	N	A	U	F	O	S
Z	K	P	U	Q	G	M	B	T	N	Q	J	Y	G	O	K	G	L	U
N	D	V	Y	U	O	I	W	Y	H	G	P	Y	P	Q	G	D	R	J
L	B	L	E	I	P	S	P	O	T	C	N	W	O	Q	N	D	P	L
B	C	S	A	F	P	N	A	O	E	V	Y	A	P	G	V	I	Q	T
U	B	K	M	W	L	X	L	Q	N	Y	Z	R	E	H	A	T	V	R
H	Z	T	T	O	K	O	E	N	I	G	X	X	L	U	W	L	G	O
B	R	F	Z	N	R	N	H	I	Q	R	X	M	A	G	V	I	G	Z

DRUECKEN
SCHELLEN
HERZ
ABHEBEN
TOPSPIEL

WENZEL
KOENIG
FINDUNG
TAKTIK
PFUNDE

Lösung

C R K W S Z B U V U F E F R U D Z P A
D I C I N L Y L T Z V N J M R E S B F
N V A S N D C E W C M K C U I U H E T
M D Z H W Q B Z Q D J G E M J E E O V
F V J C C D F N E R Z C R A B B I D Q
Q E S K N B S E R R K B T E P Y S Y S
X R P X Y H D W Z E D O N Q B C W C S
D M J H E P L N N L O T G D H B L O I
I X T W Z X B A T B P G I E C B W B B
O X M H M S W A E K C S L P W Q C Y I
M C B T J S W F P G C L U D E A F D T
X T B D A X C N N U E D N N G R P Y R
E E R X N X E U K N I M R G N F V S L
Y V M O Q D D P I S A U N A U X Z X W
O U R S Q N Y Z T G K M M N B P G P S
D M D X I U V N K U Z N D N E F X T P
M C Y F Y Z Z J A P W E W N A U F O S
Z K P U Q G M B T N Q J Y G O K G L U
N D V Y U O I W Y H G P Y P Q G D R J
L B L E I P S P O T C N W O Q N D P L
B C S A F P N A O E V Y A P G V I Q T
U B K M W L X L Q N Y Z R E H A T V R
H Z T T O K O E N I G X X L U W L G O
B R F Z N R N H I Q R X M A G V I G Z

F	B	E	U	N	N	K	E	I	N	P	A	S	S	E	N	S	V	B
G	U	E	A	S	U	A	L	P	P	A	K	W	Q	H	P	C	W	U
H	D	A	M	U	V	S	I	I	L	C	S	U	D	I	X	O	L	K
Y	M	Q	F	S	G	W	A	Z	D	L	J	G	E	C	D	I	V	I
Z	O	S	R	U	I	E	L	V	K	I	G	L	O	E	Y	W	L	R
J	I	Z	M	S	W	M	N	M	E	O	E	J	U	Z	M	O	N	M
L	K	Z	Q	X	B	V	A	A	T	R	Q	P	O	S	E	H	M	O
X	P	C	E	K	S	X	R	W	E	J	U	Y	Q	W	F	D	D	K
H	J	B	R	E	V	S	R	V	O	X	H	E	Z	D	E	O	D	P
F	H	E	U	X	H	E	N	Z	L	E	O	C	Q	W	N	O	J	U
Y	U	A	G	I	U	Q	V	T	F	F	V	W	C	P	R	E	B	N
Z	P	B	U	A	R	M	I	P	D	N	D	N	V	U	E	T	T	U
B	Z	W	B	Z	B	E	I	B	L	A	T	T	H	O	Y	C	Y	X
F	U	E	K	G	F	Q	N	M	O	C	I	W	H	J	N	S	F	G
Q	V	R	X	K	E	W	I	B	E	D	Z	E	C	Z	F	M	F	K
Q	P	F	G	V	G	E	R	R	X	E	O	F	J	S	I	E	U	A
V	W	E	Z	N	B	J	B	D	Y	F	D	E	L	T	P	D	R	K
A	R	N	U	V	M	C	I	S	U	D	J	R	U	Y	B	X	W	C
K	S	R	P	E	I	S	N	C	V	W	B	X	L	L	L	I	W	Y
Z	B	L	U	V	I	C	L	V	A	U	H	C	O	Z	A	T	S	U
B	K	N	G	B	J	J	U	B	G	V	C	J	H	V	T	F	K	L
L	P	S	W	I	D	B	R	U	N	N	O	B	X	T	T	O	G	Z
I	B	O	N	P	C	S	R	T	X	N	D	S	Q	S	E	C	Q	C
K	N	C	G	P	K	V	Z	N	X	W	X	I	R	Z	P	D	S	H

BAUER
BLATT
ABWERFEN
BEIBLATT
SPIELER

EINPASSEN
KREUZ
FLOETE
APPLAUS
AUGEN

Lösung

F	B	E	U	N	N	K	E	I	N	P	A	S	S	E	N	S	V	B
G	U	E	A	S	U	A	L	P	P	A	K	W	Q	H	P	C	W	U
H	D	A	M	U	V	S	I	I	L	C	S	U	D	I	X	O	L	K
Y	M	Q	F	S	G	W	A	Z	D	L	J	G	E	C	D	I	V	I
Z	O	S	R	U	I	E	L	V	K	I	G	L	O	E	Y	W	L	R
J	I	Z	M	S	W	M	N	M	E	O	E	J	U	Z	M	O	N	M
L	K	Z	Q	X	B	V	A	A	T	R	Q	P	O	S	E	H	M	O
X	P	C	E	K	S	X	R	W	E	J	U	Y	Q	W	F	D	D	K
H	J	B	R	E	V	S	R	V	O	X	H	E	Z	D	E	O	D	P
F	H	E	U	X	H	E	N	Z	L	E	O	C	Q	W	N	O	J	U
Y	U	A	G	I	U	Q	V	T	F	F	V	W	C	P	R	E	B	N
Z	P	B	U	A	R	M	I	P	D	N	D	N	V	U	E	T	T	U
B	Z	W	B	Z	B	E	I	B	L	A	T	T	H	O	Y	C	Y	X
F	U	E	K	G	F	Q	N	M	O	C	I	W	H	J	N	S	F	G
Q	V	R	X	K	E	W	I	B	E	D	Z	E	C	Z	F	M	F	K
Q	P	F	G	V	G	E	R	R	X	E	O	F	J	S	I	E	U	A
V	W	E	Z	N	B	J	B	D	Y	F	D	E	L	T	P	D	R	K
A	R	N	U	V	M	C	I	S	U	D	J	R	U	Y	B	X	W	C
K	S	R	P	E	I	S	N	C	V	W	B	X	L	L	L	I	W	Y
Z	B	L	U	V	I	C	L	V	A	U	H	C	O	Z	A	T	S	U
B	K	N	G	B	J	J	U	B	G	V	C	J	H	V	T	F	K	L
L	P	S	W	I	D	B	R	U	N	N	O	B	X	T	T	O	G	Z
I	B	O	N	P	C	S	R	T	X	N	D	S	Q	S	E	C	Q	C
K	N	C	G	P	K	V	Z	N	X	W	X	I	R	Z	P	D	S	H

S	L	A	U	B	Y	E	V	F	X	F	B	L	O	N	C	C	H	Y
A	W	U	G	P	G	V	O	U	N	T	E	R	Y	E	K	P	Z	X
Q	J	C	H	O	Z	Z	F	J	Q	N	H	N	C	N	N	O	F	M
U	S	W	F	K	Y	X	L	F	B	B	O	W	P	K	E	L	T	M
Y	N	Y	F	B	Q	S	O	N	I	W	S	W	M	W	I	Y	R	H
Z	Y	O	F	B	G	A	S	H	Z	R	Q	K	Q	V	P	A	E	W
C	O	M	X	Y	Q	Q	J	J	K	E	G	V	S	Q	E	A	F	P
Z	B	D	A	G	T	G	S	R	Z	A	E	N	D	Z	N	R	F	I
T	P	M	Z	N	X	D	P	X	U	P	M	E	A	L	S	F	N	L
V	O	P	V	T	P	W	M	Z	F	L	A	K	S	Q	K	T	L	N
W	I	M	G	T	V	Z	M	T	M	O	H	I	E	O	A	X	Q	O
T	S	L	V	L	U	U	Z	C	R	Z	T	T	I	R	T	R	T	A
O	E	H	M	X	O	F	T	E	R	W	W	H	W	R	P	H	I	N
Y	E	G	L	B	F	W	G	N	G	P	D	F	O	O	X	J	F	X
L	P	T	Z	B	E	D	I	E	N	E	N	N	D	P	Z	B	N	N
Z	T	Z	G	E	E	C	C	C	O	F	Z	O	A	C	I	L	K	U
N	Z	M	Z	B	C	K	V	E	N	E	S	B	Q	R	Z	D	U	G
E	B	W	I	P	W	V	C	Y	U	G	C	I	T	L	G	I	N	U
P	S	Q	L	T	V	M	R	I	G	H	Z	S	V	U	E	M	F	R
P	Y	Y	K	R	F	W	J	B	H	V	I	B	C	K	P	A	C	V
I	I	I	H	P	V	Y	O	N	H	L	A	Q	S	C	G	R	M	V
H	I	D	I	P	R	T	W	Y	O	I	C	E	K	E	Y	A	F	J
C	R	U	U	U	G	Y	W	S	U	N	R	M	Y	X	S	S	B	X
S	K	D	E	N	E	H	C	S	I	M	H	C	R	U	D	G	L	G

DURCHMISCHEN
SOLIST
GRAND
ANGRIFF
UNTER

LAUB
TREFF
KNEIPENSKAT
SCHIPPEN
BEDIENEN

Lösung

S	L	A	U	B	Y	E	V	F	X	F	B	L	O	N	C	C	H	Y
A	W	U	G	P	G	V	O	U	N	T	E	R	Y	E	K	P	Z	X
Q	J	C	H	O	Z	Z	F	J	Q	N	H	N	C	N	N	O	F	M
U	S	W	F	K	Y	X	L	F	B	B	O	W	P	K	E	L	T	M
Y	N	Y	F	B	Q	S	O	N	I	W	S	W	M	W	I	Y	R	H
Z	Y	O	F	B	G	A	S	H	Z	R	Q	K	Q	V	P	A	E	W
C	O	M	X	Y	Q	Q	J	J	K	E	G	V	S	Q	E	A	F	P
Z	B	D	A	G	T	G	S	R	Z	A	E	N	D	Z	N	R	F	I
T	P	M	Z	N	X	D	P	X	U	P	M	E	A	L	S	F	N	L
V	O	P	V	T	P	W	M	Z	F	L	A	K	S	Q	K	T	L	N
W	I	M	G	T	V	Z	M	T	M	O	H	I	E	O	A	X	Q	O
T	S	L	V	L	U	U	Z	C	R	Z	T	T	I	R	T	R	T	A
O	E	H	M	X	O	F	T	E	R	W	W	H	W	R	P	H	I	N
Y	E	G	L	B	F	W	G	N	G	P	D	F	O	O	X	J	F	X
L	P	T	Z	B	E	D	I	E	N	E	N	N	D	P	Z	B	N	N
Z	T	Z	G	E	E	C	C	C	O	F	Z	O	A	C	I	L	K	U
N	Z	M	Z	B	C	K	V	E	N	E	S	B	Q	R	Z	D	U	G
E	B	W	I	P	W	V	C	Y	U	G	C	I	T	L	G	I	N	U
P	S	Q	L	T	V	M	R	I	G	H	Z	S	V	U	E	M	F	R
P	Y	Y	K	R	F	W	J	B	H	V	I	B	C	K	P	A	C	V
I	I	I	H	P	V	Y	O	N	H	L	A	Q	S	C	G	R	M	V
H	I	D	I	P	R	T	W	Y	O	I	C	E	K	E	Y	A	F	J
C	R	U	U	U	G	Y	W	S	U	N	R	M	Y	X	S	S	B	X
S	K	D	E	N	E	H	C	S	I	M	H	C	R	U	D	G	L	G

B	Q	L	S	T	T	G	Q	P	M	L	F	X	N	O	R	A	O	O
P	T	E	P	B	Z	N	L	R	P	X	M	G	T	R	E	R	Y	L
J	N	A	C	J	X	U	Q	E	A	L	L	M	F	C	P	V	N	V
H	F	P	N	G	K	N	V	C	B	Z	T	V	D	U	K	N	A	G
I	G	C	H	U	F	H	Q	E	O	A	F	E	D	R	P	B	Q	N
V	C	S	M	G	J	C	W	E	Y	N	G	R	N	D	P	Y	I	A
F	D	O	H	Y	J	E	K	R	G	V	L	E	R	D	A	S	O	G
U	P	J	N	Z	L	R	G	O	R	E	A	A	F	L	Z	J	N	E
F	F	O	G	Y	L	T	W	N	I	R	Y	C	L	A	N	T	N	L
G	L	M	Q	U	G	S	X	C	P	W	L	C	F	Q	R	V	P	N
L	X	R	Z	K	O	U	R	H	V	A	S	I	K	D	Q	T	M	E
U	P	Q	N	A	X	L	J	N	D	R	V	Z	S	U	P	D	S	I
E	K	K	O	O	I	R	M	T	L	N	V	Y	D	T	R	D	P	Z
C	B	V	I	Y	X	E	R	R	O	U	J	C	T	L	E	Z	H	I
K	B	F	T	Z	Q	V	U	E	N	N	M	F	B	Q	W	I	E	U
W	H	X	A	F	A	R	B	E	H	G	K	S	O	F	W	F	W	Y
U	F	E	V	G	Z	J	S	L	I	Q	Z	N	Y	J	P	T	G	Z
N	V	X	I	O	O	H	U	D	B	H	M	Y	T	M	Y	C	C	J
S	U	M	T	L	G	M	R	H	S	A	E	O	Y	G	W	I	Q	O
C	R	V	O	V	Q	X	T	J	Y	J	W	D	M	U	Y	B	U	I
H	R	I	M	L	S	F	O	Q	K	S	S	E	N	T	I	F	D	P
A	C	Q	I	R	G	T	F	I	R	C	M	N	G	F	N	A	B	Z
V	P	N	X	B	D	Y	V	Q	T	L	D	A	W	A	O	Y	M	E
W	N	I	N	W	N	O	L	P	K	W	T	W	X	P	S	I	F	M

KURZE FARBE
GLUECKWUNSCH
MOTIVATION
STRAFE
GABEL
VERLUSTRECHNUNG
FITNESS
NAGELN
LISTE
VERWARNUNG

Lösung

B	Q	L	S	T	T	G	Q	P	M	L	F	X	N	O	R	A	O	O
P	T	E	P	B	Z	N	L	R	P	X	M	G	T	R	E	R	Y	L
J	N	A	C	J	X	U	Q	E	A	L	L	M	F	C	P	V	N	V
H	F	P	N	G	K	N	V	C	B	Z	T	V	D	U	K	N	A	G
I	G	C	H	U	F	H	Q	E	O	A	F	E	D	R	P	B	Q	N
V	C	S	M	G	J	C	W	E	Y	N	G	R	N	D	P	Y	I	A
F	D	O	H	Y	J	E	K	R	G	V	L	E	R	D	A	S	O	G
U	P	J	N	Z	L	R	G	O	R	E	A	A	F	L	Z	J	N	E
F	F	O	G	Y	L	T	W	N	I	R	Y	C	L	A	N	T	N	L
G	L	M	Q	U	G	S	X	C	P	W	L	C	F	Q	R	V	P	N
L	X	R	Z	K	O	U	R	H	V	A	S	I	K	D	Q	T	M	E
U	P	Q	N	A	X	L	J	N	D	R	V	Z	S	U	P	D	S	I
E	K	K	O	O	I	R	M	T	L	N	V	Y	D	T	R	D	P	Z
C	B	V	I	Y	X	E	R	R	O	U	J	C	T	L	E	Z	H	I
K	B	F	T	Z	Q	V	U	E	N	N	M	F	B	Q	W	I	E	U
W	H	X	A	F	A	R	B	E	H	G	K	S	O	F	W	F	W	Y
U	F	E	V	G	Z	J	S	L	I	Q	Z	N	Y	J	P	T	G	Z
N	V	X	I	O	O	H	U	D	B	H	M	Y	T	M	Y	C	C	J
S	U	M	T	L	G	M	R	H	S	A	E	O	Y	G	W	I	Q	O
C	R	V	O	V	Q	X	T	J	Y	J	W	D	M	U	Y	B	U	I
H	R	I	M	L	S	F	O	Q	K	S	S	E	N	T	I	F	D	P
A	C	Q	I	R	G	T	F	I	R	C	M	N	G	F	N	A	B	Z
V	P	N	X	B	D	Y	V	Q	T	L	D	A	W	A	O	Y	M	E
W	N	I	N	W	N	O	L	P	K	W	T	W	X	P	S	I	F	M

Z D X T R O P H A E E N E V G P I D V
G G M K U P M H T O X T E R A Q Z B N
L L W M D H X D T C T Q Q M Z O U H L
P C Q J O S L H N R T N U A S W N D C
E X D B Q S H K P B P C R P W G S H T
Y F N J J K R I G E R U N Q W T J U B
K S U G R U N D W E R T I E O P Y F C
X D I E F W K E H H C E B O F S Z X U
U P T A E U S C H E N S K X R F I Q Z
J G E E Q R X T N K M R G G Y L O Z S
K V T V W H Z L N V F J E N J Y Z H K
F S B N Y X C Y Y E M G A L I T E B X
R E E V D D O P P E L L A E U F E R Q
V L I F C II X R O U Λ H P F X Z V T Q
V J S L G A O S C U M Y E O Q Q H R G
R E L E I P S N I E L L A A L Z F A P
A A M I J A X G T K F J Z M Z U V G K
F E V N P C Z G C X D Y K V L T L Z T
Y P W Y T I T L L N C I O C G B I I H
D N A B R E V T A K S U R S J F Y M D
I Q X P O M A B L A T T O F T O T T H
U X G M R Q I R N T O L B K R Q P L O
H T W K Y B S Q V B I V G M X F H R T
U Q D D R E H C S T U E D P F T B J C

DEUTSCHER SKATVERBAND
DOPPELLAEUFER
TROPHAEE
OMABLATT
MITZAEHLEN
TAEUSCHEN
ALLEINSPIELER
GRUNDWERT
DIE SIEBTE
OFFEN

Lösung

Z	D	X	T	R	O	P	H	A	E	E	N	E	V	G	P	I	D	V
G	G	M	K	U	P	M	H	T	O	X	T	E	R	A	Q	Z	B	N
L	L	W	M	D	H	X	D	T	C	T	Q	Q	M	Z	O	U	H	L
P	C	Q	J	O	S	L	H	N	R	T	N	U	A	S	W	N	D	C
E	X	D	B	Q	S	H	K	P	B	P	C	R	P	W	G	S	H	T
Y	F	N	J	J	K	R	I	G	E	R	U	N	Q	W	T	J	U	B
K	S	U	G	R	U	N	D	W	E	R	T	I	E	O	P	Y	F	C
X	D	I	E	F	W	K	E	H	H	C	E	B	O	F	S	Z	X	U
U	P	T	A	E	U	S	C	H	E	N	S	K	X	R	F	I	Q	Z
J	G	E	E	Q	R	X	T	N	K	M	R	G	G	Y	L	O	Z	S
K	V	T	V	W	H	Z	L	N	V	F	J	E	N	J	Y	Z	H	K
F	S	B	N	Y	X	C	Y	Y	E	M	G	A	L	I	T	E	B	X
R	E	E	V	D	D	O	P	P	E	L	L	A	E	U	F	E	R	Q
V	L	I	F	C	H	X	R	O	U	A	H	P	F	X	Z	V	T	Q
V	J	S	L	G	A	O	S	C	U	M	Y	E	O	Q	Q	H	R	G
R	E	L	E	I	P	S	N	I	E	L	L	A	A	L	Z	F	A	P
A	A	M	I	J	A	X	G	T	K	F	J	Z	M	Z	U	V	G	K
F	E	V	N	P	C	Z	G	C	X	D	Y	K	V	L	T	L	Z	T
Y	P	W	Y	T	I	T	L	L	N	C	I	O	C	G	B	I	I	H
D	N	A	B	R	E	V	T	A	K	S	U	R	S	J	F	Y	M	D
I	Q	X	P	O	M	A	B	L	A	T	T	O	F	T	O	T	T	H
U	X	G	M	R	Q	I	R	N	T	O	L	B	K	R	Q	P	L	O
H	T	W	K	Y	B	S	Q	V	B	I	V	G	M	X	F	H	R	T
U	Q	D	D	R	E	H	C	S	T	U	E	D	P	F	T	B	J	C

W	I	D	Z	L	B	L	G	T	G	R	O	U	N	G	Z	E	T	X
L	F	Y	P	X	F	E	E	I	S	D	Q	N	X	J	R	R	R	Q
H	K	P	D	C	P	Q	L	M	P	B	K	W	A	W	E	K	Q	X
H	T	Y	G	Z	M	U	S	A	B	Y	Y	T	L	D	R	D	B	G
J	N	W	P	V	A	R	N	S	S	A	U	N	I	Q	L	E	I	O
O	X	W	Q	T	N	K	K	K	V	T	E	E	B	M	D	J	I	Z
X	Q	K	A	S	L	A	U	N	T	F	U	D	W	R	D	N	J	W
R	I	N	L	G	L	A	Z	Y	W	E	I	N	E	C	D	H	C	J
B	O	P	M	F	R	X	B	V	E	C	K	U	G	E	O	K	D	C
N	D	Y	S	X	T	K	F	J	E	M	H	T	G	N	G	A	B	N
W	P	W	A	X	K	J	B	W	R	S	N	L	Q	O	A	N	O	Y
M	N	B	A	V	K	S	X	S	Z	S	G	Z	U	G	C	I	U	U
R	I	T	L	T	F	G	T	T	A	L	P	N	I	K	T	W	K	J
T	J	C	N	X	N	W	E	R	Q	A	E	D	G	A	B	O	O	J
A	J	V	X	M	Q	I	J	Z	Q	U	D	X	R	E	A	S	P	V
D	H	W	A	H	X	O	P	H	V	Z	B	T	E	G	E	W	G	I
E	C	F	Q	K	W	T	N	Y	D	M	N	S	S	Y	L	S	Z	K
F	I	X	R	G	J	H	N	X	M	E	N	A	J	W	R	M	M	P
S	T	V	K	R	D	B	J	D	Z	E	T	Z	G	B	G	D	G	M
E	S	N	L	V	E	M	U	N	G	U	E	U	Q	T	I	T	C	X
O	I	J	P	B	N	D	O	E	P	P	O	Q	G	K	S	A	C	L
P	M	P	P	I	S	K	L	U	I	P	X	B	A	C	P	X	B	K
F	G	Q	K	O	Y	B	O	A	U	A	I	Z	J	X	K	L	D	F
N	U	L	C	K	U	M	A	R	E	D	N	E	L	B	P	T	P	H

10

HUERDE
LEGEN
JUNGE
PUNKTE
KONZENTRATION

BLENDER
BELASTUNG
STICH
PLATT
WEG

Lösung

W	I	D	Z	L	B	L	G	T	G	R	O	U	N	G	Z	E	T	X
L	F	Y	P	X	F	E	E	I	S	D	Q	N	X	J	R	R	R	Q
H	K	P	D	C	P	Q	L	M	P	B	K	W	A	W	E	K	Q	X
H	T	Y	G	Z	M	U	S	A	B	Y	Y	T	L	D	R	D	B	G
J	N	W	P	V	A	R	N	S	S	A	U	N	I	Q	L	E	I	O
O	X	W	Q	T	N	K	K	K	V	T	E	E	B	M	D	J	I	Z
X	Q	K	A	S	L	A	U	N	T	F	U	D	W	R	D	N	J	W
R	I	N	L	G	L	A	Z	Y	W	E	I	N	E	C	D	H	C	J
B	O	P	M	F	R	X	B	V	E	C	K	U	G	E	O	K	D	C
N	D	Y	S	X	T	K	F	J	E	M	H	T	G	N	G	A	B	N
W	P	W	A	X	K	J	B	W	R	S	N	L	Q	O	A	N	O	Y
M	N	B	A	V	K	S	X	S	Z	S	G	Z	U	G	C	I	U	U
R	I	T	L	T	F	G	T	T	A	L	P	N	I	K	T	W	K	J
T	J	C	N	X	N	W	E	R	Q	A	E	D	G	A	B	O	O	J
A	J	V	X	M	Q	I	J	Z	Q	U	D	X	R	E	A	S	P	V
D	H	W	A	H	X	O	P	H	V	Z	B	T	E	G	E	W	G	I
E	C	F	Q	K	W	T	N	Y	D	M	N	S	S	Y	L	S	Z	K
F	I	X	R	G	J	H	N	X	M	E	N	A	J	W	R	M	M	P
S	T	V	K	R	D	B	J	D	Z	E	T	Z	G	B	G	D	G	M
E	S	N	L	V	E	M	U	N	G	U	E	U	Q	T	I	T	C	X
O	I	J	P	B	N	D	O	E	P	P	O	Q	G	K	S	A	C	L
P	M	P	P	I	S	K	L	U	I	P	X	B	A	C	P	X	B	K
F	G	Q	K	O	Y	B	O	A	U	A	I	Z	J	X	K	L	D	F
N	U	L	C	K	U	M	A	R	E	D	N	E	L	B	P	T	P	H

K O O R D I N A T I O N F I O F X J Y

S X D K I W L C F D T B B Q P S R E B

Z Z S B Y S J D L O K Q H I U C O S R

Y J I L A F I A A K O A U F T D E C F

Q E L G B H K D B G A F A I D D R U C

A M M I B E B Y B S U H T R Q K C N U

K U Q R M K F Y R J G C O A K N V P W

B G U Q J B A P U E O K M Y X P I A P

U J N O B M P Y C L E R N I I T Y J R

L K N U M X L L H R I Z U C N D E U N

M V Y E D T E W M A M J Q P P X H C Q

Q X E J Z I U D Y E P I W M I L E M K

F I Y K W I E A T Y V O Y P T F I A I

W V L T Z Y E H R W K J O X F I C B T

U B D Z L S Z R C F I P I P A K H U Q

Q V K T R K W X R S G H S Y R C E B O

K U J X O G U U E E T N L Q K R L E K

R O V N P I N L X P B N U O C H Q N L

K P T G E A M L O X E E E J U O T P L

V R Y J F E T A L J H C U M Z T E S H

A H U A P H I I I L H Y N T Q H H F D

Q S U B D M N D D K V V L J E N C W D

U T Z I A D P P W J J D T M B A C U U

M C T P N C A D B I X U V Q R T Y H Y

11

ABBRUCH

KOORDINATION

KRAFT

BUBE

REKORD

UEBERREIZEN

EICHEL

ENTSCHEIDUNG

KONTRA

JUNGFRAU

Lösung

K O O R D I N A T I O N F I O F X J Y
S X D K I W L C F D T B B Q P S R E B
Z Z S B Y S J D L O K Q H I U C O S R
Y J I L A F I A A K O A U F T D E C F
Q E L G B H K D B G A F A I D D R U C
A M M I B E B Y B S U H T R Q K C N U
K U Q R M K F Y R J G C O A K N V P W
B G U Q J B A P U E O K M Y X P I A P
U J N O B M P Y C L E R N I I T Y J R
L K N U M X L L H R I Z U C N D E U N
M V Y E D T E W M A M J Q P P X H C Q
Q X E J Z I U D Y E P I W M I L E M K
F I Y K W I E A T Y V O Y P T F I A I
W V L T Z Y E H R W K J O X F I C B T
U B D Z L S Z R C F I P I P A K H U Q
Q V K T R K W X R S G H S Y R C E B O
K U J X O G U U E E T N L Q K R L E K
R O V N P I N L X P B N U O C H Q N L
K P T G E A M L O X E E E J U O T P L
V R Y J F E T A L J H C U M Z T E S H
A H U A P H I I I L H Y N T Q H H F D
Q S U B D M N D D K V V L J E N C W D
U T Z I A D P P W J J D T M B A C U U
M C T P N C A D B I X U V Q R T Y H Y

R	Q	V	Q	U	W	N	R	R	F	F	T	E	S	X	S	Z	A	K
W	G	R	A	A	C	C	U	D	X	T	R	Q	A	V	S	P	I	T
E	E	T	B	R	Y	E	V	N	Z	H	I	G	M	T	S	I	V	P
A	R	P	G	V	O	E	T	G	N	H	B	V	Y	I	K	P	R	O
N	T	V	K	C	N	X	J	S	L	E	V	Y	G	V	Z	N	Z	J
D	D	J	G	L	P	A	N	F	F	J	K	K	Q	Q	I	P	Q	Q
S	D	S	W	C	Y	L	E	F	B	Y	M	C	N	F	R	I	W	X
X	W	D	H	W	R	R	M	S	A	K	O	F	E	A	S	B	K	A
Z	Z	E	K	E	E	W	H	C	V	I	A	K	E	D	L	M	N	H
X	J	Y	A	N	L	Z	E	H	W	D	R	X	F	F	F	B	L	N
H	V	G	L	T	O	M	N	I	T	L	Z	P	Z	B	N	U	W	E
L	B	J	Y	Y	W	T	R	E	X	E	J	W	L	A	Z	A	A	G
Q	S	R	G	I	E	O	E	B	H	G	K	G	Q	A	R	J	Z	T
R	Q	Z	Q	W	W	M	B	E	X	S	L	S	V	L	Y	A	S	V
A	Q	R	V	O	X	P	E	R	F	I	N	H	C	J	Y	K	K	Z
O	N	K	O	O	Z	F	U	A	B	E	Y	M	C	I	D	H	J	V
B	J	D	Y	J	Y	Y	N	M	D	R	T	E	Z	G	U	N	I	Q
P	L	E	E	K	X	M	L	S	P	P	I	I	K	Y	O	D	T	M
D	W	H	T	U	U	G	Y	C	V	F	W	K	B	H	W	D	F	G
L	Y	E	K	C	P	D	X	H	R	O	L	L	M	O	P	S	I	J
N	V	M	N	J	M	Y	P	D	S	Y	D	S	N	L	H	X	E	V
C	E	W	X	G	B	D	U	B	L	T	T	N	W	Z	S	R	P	K
L	P	D	A	U	N	F	S	Q	O	E	Y	Z	D	P	V	Q	L	H
T	V	M	I	E	H	Q	C	T	W	K	P	E	J	P	R	M	L	N

12

AUFDECKEN
UEBERNEHMEN
BLANK
FAIRPLAY
ROLLMOPS

ISPA
PREISGELD
SCHIEBERAMSCH
COEUR
TOT

Lösung

R	Q	V	Q	U	W	N	R	R	F	F	T	E	S	X	S	Z	A	K
W	G	R	A	A	C	C	U	D	X	T	R	Q	A	V	S	P	I	T
E	E	T	B	R	Y	E	V	N	Z	H	I	G	M	T	S	I	V	P
A	R	P	G	V	O	E	T	G	N	H	B	V	Y	I	K	P	R	O
N	T	V	K	C	N	X	J	S	L	E	V	Y	G	V	Z	N	Z	J
D	D	J	G	L	P	A	N	F	F	J	K	K	Q	Q	I	P	Q	Q
S	D	S	W	C	Y	L	E	F	B	Y	M	C	N	F	R	I	W	X
X	W	D	H	W	R	R	M	S	A	K	O	F	E	A	S	B	K	A
Z	Z	E	K	E	E	W	H	C	V	I	A	K	E	D	L	M	N	H
X	J	Y	A	N	L	Z	E	H	W	D	R	X	F	F	F	B	L	N
H	V	G	L	T	O	M	N	I	T	L	Z	P	Z	B	N	U	W	E
L	B	J	Y	Y	W	T	R	E	X	E	J	W	L	A	Z	A	A	G
Q	S	R	G	I	E	O	E	B	H	G	K	G	Q	A	R	J	Z	T
R	Q	Z	Q	W	W	M	B	E	X	S	L	S	V	L	Y	A	S	V
A	Q	R	V	O	X	P	E	R	F	I	N	H	C	J	Y	K	K	Z
O	N	K	O	O	Z	F	U	A	B	E	Y	M	C	I	D	H	J	V
B	J	D	Y	J	Y	Y	N	M	D	R	T	E	Z	G	U	N	I	Q
P	L	E	E	K	X	M	L	S	P	P	I	I	K	Y	O	D	T	M
D	W	H	T	U	U	G	Y	C	V	F	W	K	B	H	W	D	F	G
L	Y	E	K	C	P	D	X	H	R	O	L	L	M	O	P	S	I	J
N	V	M	N	J	M	Y	P	D	S	Y	D	S	N	L	H	X	E	V
C	E	W	X	G	B	D	U	B	L	T	T	N	W	Z	S	R	P	K
L	P	D	A	U	N	F	S	Q	O	E	Y	Z	D	P	V	Q	L	H
T	V	M	I	E	H	Q	C	T	W	K	P	E	J	P	R	M	L	N

Q	N	W	V	B	X	F	I	B	C	R	I	J	G	O	K	C	A	E
F	G	B	P	P	Z	Q	N	T	W	V	T	U	D	I	Q	X	D	O
Y	O	G	G	H	V	P	U	L	A	D	N	W	F	E	K	N	M	Z
X	S	R	X	Z	K	Y	L	X	J	R	H	K	O	V	U	Y	Y	A
H	U	O	I	M	Y	R	L	Z	I	A	O	M	X	R	G	Q	Q	Q
D	N	S	C	H	U	S	S	I	I	G	U	X	L	W	G	U	N	I
Q	I	J	X	Y	Q	R	V	N	L	P	R	A	C	R	D	W	B	Q
O	Y	H	A	O	Y	X	C	T	Q	G	K	V	B	E	J	J	E	R
J	O	O	Q	C	T	A	O	E	V	O	F	R	B	N	Y	T	I	E
T	E	K	W	Y	X	T	Z	R	L	V	F	Q	T	N	G	M	I	T
T	C	N	W	U	F	F	C	V	M	Y	C	P	U	I	E	O	Q	S
M	X	B	O	I	N	Q	B	I	W	A	S	R	O	W	R	A	S	I
Z	F	E	X	C	M	Z	S	E	O	Q	U	N	E	E	P	U	E	E
C	Y	H	N	L	W	M	M	W	C	O	S	H	E	G	G	I	C	M
T	L	I	A	T	S	Q	E	B	I	N	H	Q	A	K	B	Y	H	T
A	K	M	C	N	K	J	B	L	I	Q	E	H	M	H	C	R	B	L
S	Y	V	H	S	Z	Z	F	B	N	V	J	H	B	M	Q	O	Y	E
C	M	T	S	O	S	Y	L	H	M	T	C	V	E	D	I	O	Z	W
V	B	C	P	Y	D	U	G	H	P	R	D	R	V	I	Z	V	P	K
Q	C	W	I	S	J	L	O	L	P	O	R	A	P	V	Z	L	R	E
N	M	E	E	X	T	T	A	L	B	T	U	G	V	H	X	S	T	C
Z	N	C	L	H	E	L	P	Y	K	D	G	I	P	Q	I	I	B	W
I	J	C	E	R	H	Y	T	H	N	B	R	O	L	F	O	G	H	G
O	D	N	N	X	K	E	E	G	M	X	I	M	G	F	F	R	L	B

13

WIMMELN
ZIEHEN
GEWINNER
ZOCKEN
SCHUSS

WELTMEISTER
NACHSPIELEN
INTERVIEW
LOKALRUNDE
GUTBLATT

Lösung

Q N W V B X F I B C R I J G O K C A E
F G B P P Z Q N T W V T U D I Q X D O
Y O G G H V P U L A D N W F E K N M Z
X S R X Z K Y L X J R H K O V U Y Y A
H U O I M Y R L Z I A O M X R G Q Q Q
D N S C H U S S I I G U X L W G U N I
Q I J X Y Q R V N L P R A C R D W B Q
O Y H A O Y X C T Q G K V B E J J E R
J O O Q C T A O E V O F R B N Y T I E
T E K W Y X T Z R L V F Q T N G M I T
T C N W U F F C V M Y C P U I E O Q S
M X B O I N Q B I W A S R O W R A S I
Z F E X C M Z S E O Q U N E E P U E E
C Y H N L W M M W C O S H E G G I C M
T L I A T S Q E B I N H Q A K B Y H T
A K M C N K J B L I Q E H M H C R B L
S Y V H S Z Z F B N V J H B M Q O Y E
C M T S O S Y L H M T C V E D I O Z W
V B C P Y D U G H P R D R V I Z V P K
Q C W I S J L O L P O R A P V Z L R E
N M E E X T T A L B T U G V H X S T C
Z N C L H E L P Y K D G I P Q I I B W
I J C E R H Y T H N B R O L F O G H G
O D N N X K E E G M X I M G F F R L B

X	S	W	U	N	W	K	X	X	E	L	F	S	F	U	D	O	A	X
U	O	C	H	P	P	S	Q	E	V	P	L	X	B	M	K	A	F	J
C	B	K	H	V	J	D	G	D	Q	L	H	P	E	I	A	M	I	D
P	E	V	K	N	Z	Y	U	P	T	M	G	A	Y	D	K	D	I	T
C	V	H	H	T	A	C	G	Y	I	Z	O	G	N	G	L	Y	T	R
W	I	L	R	K	O	P	T	K	Y	L	C	T	T	E	Y	W	J	A
W	J	Q	D	E	F	R	S	P	D	L	Y	U	S	D	V	I	W	I
V	C	O	W	D	U	R	D	Z	L	K	L	C	M	N	R	R	F	N
M	E	R	J	N	L	A	X	K	A	Z	F	U	S	U	U	X	S	I
F	X	R	V	G	Z	F	H	D	V	H	R	W	S	R	O	S	Z	N
Z	Y	W	D	T	Z	U	E	C	L	L	L	I	N	C	W	J	Z	G
R	K	K	H	E	M	Y	U	H	S	Q	U	Z	Z	W	H	L	V	U
C	L	E	O	P	C	N	G	A	C	U	G	G	A	V	U	E	H	A
E	N	Z	T	K	W	K	E	P	Z	A	Z	B	X	I	K	J	M	U
S	M	B	Z	A	M	O	E	Z	M	V	R	O	X	L	H	B	B	S
D	P	V	K	P	N	S	W	N	I	I	C	P	Z	N	S	S	O	T
U	Z	B	J	C	C	X	I	K	Z	E	V	X	S	V	F	U	V	V
D	I	C	T	N	S	N	X	L	E	D	R	F	Z	N	X	L	E	I
J	F	Z	O	H	S	K	K	B	G	T	J	B	W	Y	A	K	R	G
M	M	A	G	H	Z	S	I	D	J	S	G	N	A	L	J	G	L	D
F	U	B	R	M	K	G	P	Z	W	Z	F	X	P	S	M	D	U	S
E	C	K	P	Q	X	L	O	Y	S	V	T	S	X	D	J	I	S	M
S	Z	J	B	M	X	B	J	X	Z	E	E	U	C	B	W	O	T	N
C	W	F	I	K	G	Q	D	S	I	D	B	A	K	Q	G	Y	X	U

RUNDE
ANSPRACHE
LUSCHE
ABREIZEN
SCHNAPSZAHL

VERLUST
TRAINING
ZUSCHAUER
VERDECKEN
PIK

Lösung

X	S	W	U	N	W	K	X	X	E	L	F	S	F	U	D	O	A	X
U	O	C	H	P	P	S	Q	E	V	P	L	X	B	M	K	A	F	J
C	B	K	H	V	J	D	G	D	Q	L	H	P	E	I	A	M	I	D
P	E	V	K	N	Z	Y	U	P	T	M	G	A	Y	D	K	D	I	T
C	V	H	H	T	A	C	G	Y	I	Z	O	G	N	G	L	Y	T	R
W	I	L	R	K	O	P	T	K	Y	L	C	T	T	E	Y	W	J	A
W	J	Q	D	E	F	R	S	P	D	L	Y	U	S	D	V	I	W	I
V	C	O	W	D	U	R	D	Z	L	K	L	C	M	N	R	R	F	N
M	E	R	J	N	L	A	X	K	A	Z	F	U	S	U	U	X	S	I
F	X	R	V	G	Z	F	H	D	V	H	R	W	S	R	O	S	Z	N
Z	Y	W	D	T	Z	U	E	C	L	L	L	I	N	C	W	J	Z	G
R	K	K	H	E	M	Y	U	H	S	Q	U	Z	Z	W	H	L	V	U
C	L	E	O	P	C	N	G	A	C	U	G	G	A	V	U	E	H	A
E	N	Z	T	K	W	K	E	P	Z	A	Z	B	X	I	K	J	M	U
S	M	B	Z	A	M	O	E	Z	M	V	R	O	X	L	H	B	B	S
D	P	V	K	P	N	S	W	N	I	I	C	P	Z	N	S	S	O	T
U	Z	B	J	C	C	X	I	K	Z	E	V	X	S	V	F	U	V	V
D	I	C	T	N	S	N	X	L	E	D	R	F	Z	N	X	L	E	I
J	F	Z	O	H	S	K	K	B	G	T	J	B	W	Y	A	K	R	G
M	M	A	G	H	Z	S	I	D	J	S	G	N	A	L	J	G	L	D
F	U	B	R	M	K	G	P	Z	W	Z	F	X	P	S	M	D	U	S
E	C	K	P	Q	X	L	O	Y	S	V	T	S	X	D	J	I	S	M
S	Z	J	B	M	X	B	J	X	Z	E	E	U	C	B	W	O	T	N
C	W	F	I	K	G	Q	D	S	I	D	B	A	K	Q	G	Y	X	U

J	E	J	C	F	L	U	Q	P	J	W	E	G	H	I	B	L	B	Q
E	P	H	S	C	Z	T	Y	X	D	I	X	M	G	Y	D	Q	V	L
Z	K	K	P	T	G	Z	Z	B	W	N	W	T	B	X	V	K	Q	E
D	A	Z	K	Z	V	E	E	A	N	Y	J	D	Z	Q	Y	A	L	J
T	T	E	H	Q	H	K	H	I	P	U	R	X	J	K	C	X	H	S
B	F	I	P	P	E	O	G	S	M	Q	A	O	M	F	W	Y	D	N
D	U	W	Z	N	I	E	N	N	T	P	N	L	C	Q	O	S	W	X
I	Z	K	N	C	B	C	B	I	E	T	M	N	I	T	D	Q	C	I
W	U	E	J	L	C	A	L	E	M	Z	D	I	L	R	V	X	X	G
O	N	C	E	Z	O	C	A	D	P	K	D	C	W	H	B	P	C	C
N	V	I	A	A	N	B	Y	E	O	P	Q	F	C	M	M	W	H	L
N	P	M	Q	N	O	J	X	R	I	K	A	M	Q	M	K	G	O	S
S	U	F	V	S	T	E	O	L	X	B	I	I	T	P	K	N	O	G
K	J	S	N	A	V	M	B	A	D	L	Q	X	I	M	S	Z	A	K
S	A	A	Q	G	S	S	G	G	N	I	I	A	V	G	V	U	T	Y
G	D	X	C	E	B	R	W	E	D	Q	L	E	I	J	U	P	R	J
G	N	E	O	N	N	D	Y	H	P	H	G	G	X	K	I	E	E	B
V	E	C	O	Q	P	C	F	K	K	F	Y	V	U	I	T	L	L	B
H	H	E	U	O	S	L	N	Z	Q	W	W	V	B	Y	G	S	H	E
L	E	H	R	Q	Z	A	A	A	A	O	L	U	M	I	U	Y	E	U
R	I	X	F	R	T	A	N	P	M	C	F	S	C	S	Y	O	F	K
H	Z	K	Y	K	D	V	S	Y	S	G	Y	X	I	A	I	G	S	A
P	B	S	S	O	T	S	E	L	Q	W	L	K	Z	E	H	A	M	Z
F	A	Q	L	T	K	Z	O	E	V	U	D	X	Q	J	G	T	Y	S

NIEDERLAGE
FEHLER
BEKENNEN
SIEG
SKAT

ANSAGEN
STOSS
TEMPO
ABZIEHEN
SPIELBEGINN

Lösung

J	E	J	C	F	L	U	Q	P	J	W	E	G	H	I	B	L	B	Q
E	P	H	S	C	Z	T	Y	X	D	I	X	M	G	Y	D	Q	V	L
Z	K	K	P	T	G	Z	Z	B	W	N	W	T	B	X	V	K	Q	E
D	A	Z	K	Z	V	E	E	A	N	Y	J	D	Z	Q	Y	A	L	J
T	T	E	H	Q	H	K	H	I	P	U	R	X	J	K	C	X	H	S
B	F	I	P	P	E	O	G	S	M	Q	A	O	M	F	W	Y	D	N
D	U	W	Z	N	I	E	N	N	T	P	N	L	C	Q	O	S	W	X
I	Z	K	N	C	B	C	B	I	E	T	M	N	I	T	D	Q	C	I
W	U	E	J	L	C	A	L	E	M	Z	D	I	L	R	V	X	X	G
O	N	C	E	Z	O	C	A	D	P	K	D	C	W	H	B	P	C	C
N	V	I	A	A	N	B	Y	E	O	P	Q	F	C	M	M	W	H	L
N	P	M	Q	N	O	J	X	R	I	K	A	M	Q	M	K	G	O	S
S	U	F	V	S	T	E	O	L	X	B	I	I	T	P	K	N	O	G
K	J	S	N	A	V	M	B	A	D	L	Q	X	I	M	S	Z	A	K
S	A	A	Q	G	S	S	G	G	N	I	I	A	V	G	V	U	T	Y
G	D	X	C	E	B	R	W	E	D	Q	L	E	I	J	U	P	R	J
G	N	E	O	N	N	D	Y	H	P	H	G	G	X	K	I	E	E	B
V	E	C	O	Q	P	C	F	K	K	F	Y	V	U	I	T	L	L	B
H	H	E	U	O	S	L	N	Z	Q	W	W	V	B	Y	G	S	H	E
L	E	H	R	Q	Z	A	A	A	A	O	L	U	M	I	U	Y	E	U
R	I	X	F	R	T	A	N	P	M	C	F	S	C	S	Y	O	F	K
H	Z	K	Y	K	D	V	S	Y	S	G	Y	X	I	A	I	G	S	A
P	B	S	S	O	T	S	E	L	Q	W	L	K	Z	E	H	A	M	Z
F	A	Q	L	T	K	Z	O	E	V	U	D	X	Q	J	G	T	Y	S

Z	W	T	T	I	J	Z	Z	G	S	L	Q	I	X	F	N	T	J	R
E	E	C	N	E	D	D	P	X	L	S	E	L	E	F	T	Z	H	E
F	T	M	T	W	W	R	A	A	W	R	B	R	G	R	O	X	Q	B
O	Z	R	L	F	T	Z	D	L	N	E	Z	P	Y	P	R	M	H	O
W	X	D	A	N	K	W	E	D	M	G	S	G	Q	N	I	C	J	C
J	H	V	L	K	I	P	G	P	Y	E	W	D	S	Q	K	M	A	S
F	V	H	J	G	H	R	T	M	O	L	E	Z	S	N	N	I	R	M
F	W	L	S	V	S	E	B	X	Z	V	L	O	E	O	T	F	G	V
A	L	X	X	H	Y	T	T	Y	N	E	T	P	K	I	F	D	W	Q
S	T	V	F	J	H	L	N	S	X	R	K	L	I	T	B	O	H	K
T	R	U	O	T	F	L	M	L	B	S	L	V	H	U	L	W	W	O
S	I	U	J	Q	C	C	N	B	B	T	A	R	T	L	Z	C	F	I
O	E	Z	H	O	C	Q	I	I	F	O	S	T	B	O	Z	D	R	M
Q	V	J	K	Z	R	L	H	L	E	S	S	T	K	V	S	S	H	Z
E	E	C	Q	A	D	V	O	S	G	S	E	K	H	E	K	F	E	L
T	Q	C	O	E	I	L	N	T	H	M	U	I	C	R	Q	W	L	D
Y	C	N	V	H	S	I	L	D	F	C	L	A	H	M	Z	M	J	Y
K	T	F	P	L	P	G	H	W	W	W	V	R	P	K	Z	O	Y	T
Q	Z	T	V	W	H	I	T	V	Z	Q	Y	S	B	L	D	Y	O	N
A	A	K	X	E	M	K	R	B	W	T	F	M	B	K	E	I	O	A
J	P	Y	O	R	A	X	U	W	W	T	N	I	S	O	I	I	G	K
K	Z	F	N	T	Y	K	M	J	S	E	L	V	U	Z	T	R	P	K
Y	O	N	I	U	M	P	P	W	F	F	X	A	O	D	F	Q	N	S
J	Q	X	D	G	H	S	F	Z	E	I	G	E	T	A	R	T	S	X

16

STRATEGIE
BILD
REGELVERSTOSS
STEHKARTE
OBER
TRUMPF
ZAEHLWERT
SPIELPAUSE
REVOLUTION
WELTKLASSE

Lösung

Z	W	T	T	I	J	Z	Z	G	S	L	Q	I	X	F	N	T	J	R
E	E	C	N	E	D	D	P	X	L	S	E	L	E	F	T	Z	H	E
F	T	M	T	W	W	R	A	A	W	R	B	R	G	R	O	X	Q	B
O	Z	R	L	F	T	Z	D	L	N	E	Z	P	Y	P	R	M	H	O
W	X	D	A	N	K	W	E	D	M	G	S	G	Q	N	I	C	J	C
J	H	V	L	K	I	P	G	P	Y	E	W	D	S	Q	K	M	A	S
F	V	H	J	G	H	R	T	M	O	L	E	Z	S	N	N	I	R	M
F	W	L	S	V	S	E	B	X	Z	V	L	O	E	O	T	F	G	V
A	L	X	X	H	Y	T	T	Y	N	E	T	P	K	I	F	D	W	Q
S	T	V	F	J	H	L	N	S	X	R	K	L	I	T	B	O	H	K
T	R	U	O	T	F	L	M	L	B	S	L	V	H	U	L	W	W	O
S	I	U	J	Q	C	C	N	B	B	T	A	R	T	L	Z	C	F	I
O	E	Z	H	O	C	Q	I	I	F	O	S	T	B	O	Z	D	R	M
Q	V	J	K	Z	R	L	H	L	E	S	S	T	K	V	S	S	H	Z
E	E	C	Q	A	D	V	O	S	G	S	E	K	H	E	K	F	E	L
T	Q	C	O	E	I	L	N	T	H	M	U	I	C	R	Q	W	L	D
Y	C	N	V	H	S	I	L	D	F	C	L	A	H	M	Z	M	J	Y
K	T	F	P	L	P	G	H	W	W	W	V	R	P	K	Z	O	Y	T
Q	Z	T	V	W	H	I	T	V	Z	Q	Y	S	B	L	D	Y	O	N
A	A	K	X	E	M	K	R	B	W	T	F	M	B	K	E	I	O	A
J	P	Y	O	R	A	X	U	W	W	T	N	I	S	O	I	I	G	K
K	Z	F	N	T	Y	K	M	J	S	E	L	V	U	Z	T	R	P	K
Y	O	N	I	U	M	P	P	W	F	F	X	A	O	D	F	Q	N	S
J	Q	X	D	G	H	S	F	Z	E	I	G	E	T	A	R	T	S	X

E	V	C	O	U	J	Y	L	H	S	G	I	R	G	E	F	N	V	P
U	A	M	C	S	B	N	Z	C	J	O	D	H	N	W	L	W	O	U
N	G	J	W	C	J	A	H	K	U	J	U	Q	S	E	M	B	T	Y
A	E	E	S	P	J	N	Y	D	S	H	Y	K	P	G	P	B	N	I
S	Y	T	D	L	E	X	T	C	A	L	F	P	C	E	V	I	R	P
V	A	Y	X	I	V	H	Q	C	Z	C	I	F	N	M	V	L	D	M
T	D	L	D	B	W	F	C	M	V	N	T	V	K	M	O	C	V	T
V	B	E	C	D	B	T	P	D	H	Y	P	L	A	D	T	U	V	K
E	R	F	W	H	F	Y	I	C	G	O	W	S	S	P	I	T	Z	E
K	Q	K	U	N	C	G	S	U	G	C	S	S	S	A	L	M	N	H
C	S	J	U	V	Y	P	A	U	S	S	P	I	E	L	R	E	D	F
R	B	T	T	R	D	L	V	K	X	I	I	Q	W	E	D	W	I	T
I	K	E	C	F	V	Z	B	T	B	P	S	U	I	V	B	Q	L	Q
D	N	A	D	Z	I	G	C	F	G	D	O	Z	B	G	L	F	W	W
M	F	K	T	T	A	E	Y	H	F	H	E	T	A	J	X	K	J	E
R	P	I	F	T	T	G	Q	J	X	N	E	B	N	Q	P	C	V	W
A	V	M	T	U	R	E	C	Z	J	Y	N	R	P	S	U	B	K	I
I	N	B	U	P	E	N	V	Z	N	Z	Q	L	X	Y	K	H	L	Z
I	E	M	I	A	V	F	I	U	Y	G	R	A	N	D	G	J	Q	P
B	B	C	X	K	U	A	V	K	A	H	R	L	H	F	Q	X	W	E
F	E	J	N	U	O	R	W	U	D	I	Q	J	B	Y	P	L	O	E
E	G	F	K	L	B	B	S	B	F	Y	Z	Q	K	O	L	W	Q	S
T	O	J	B	F	M	E	H	I	M	D	F	U	F	Y	D	G	E	N
D	G	T	E	W	Q	K	T	X	Q	J	Z	G	R	Z	B	R	W	S

GEBEN

AUSSPIEL

SPITZE

REIZEN

SCHNEIDER

GRAND OUVERT

GEGENFARBE

ASS

SCHNIPPELN

KAPUTT

Lösung

E V C O U J Y L H S G I R G E F N V P
U A M C S B N Z C J O D H N W L W O U
N G J W C J A H K U J U Q S E M B T Y
A E E S P J N Y D S H Y K P G P B N I
S Y T D L E X T C A L F P C E V I R P
V A Y X I V H Q C Z C I F N M V L D M
T D L D B W F C M V N T V K M O C V T
V B E C D B T P D H Y P L A D T U V K
E R F W H F Y I C G O W S S P I T Z E
K Q K U N C G S U G C S S S A L M N H
C S J U V Y P A U S S P I E L R E D F
R B T T R D L V K X I I Q W E D W I T
I K E C F V Z B T B P S U I V B Q L Q
D N A D Z I G C F G D O Z B G L F W W
M F K T T A E Y H F H E T A J X K J E
R P I F T T G Q J X N E B N Q P C V W
A V M T U R E C Z J Y N R P S U B K I
I N B U P E N V Z N Z Q L X Y K H L Z
I E M I A V F I U Y G R A N D G J Q P
B B C X K U A V K A H R L H F Q X W E
F E J N U O R W U D I Q J B Y P L O E
E G F K L B B S B F Y Z Q K O L W Q S
T O J B F M E H I M D F U F Y D G E N
D G T E W Q K T X Q J Z G R Z B R W S

H	T	T	U	H	I	R	R	S	B	E	A	V	A	K	L	P	K	G
K	H	J	P	E	Z	R	N	Z	N	A	R	K	Q	V	O	G	E	Z
A	Y	X	K	Q	V	Z	F	Q	U	G	U	U	R	G	Q	T	M	P
B	S	D	X	A	V	G	R	S	J	N	E	Z	U	B	H	V	Z	G
B	X	A	M	Z	R	N	M	S	P	B	I	G	J	M	R	E	H	X
A	F	U	M	K	L	T	Z	Z	U	G	R	L	E	B	D	K	W	S
J	Q	K	K	T	X	P	E	N	H	I	A	A	N	N	R	F	H	I
U	T	K	V	M	V	D	G	D	Z	S	F	S	E	V	S	S	K	S
Y	G	A	V	O	V	G	B	X	P	D	E	S	W	D	K	T	M	A
F	Y	R	X	Z	F	H	G	I	P	Y	S	E	G	H	P	E	Z	N
Y	K	L	V	Z	T	U	E	N	R	A	L	A	T	N	Q	P	Q	Z
A	J	R	Y	A	D	L	Y	R	P	L	A	I	A	J	U	S	Z	Z
E	F	T	Q	W	A	C	Q	I	W	S	P	U	E	K	W	X	C	C
D	P	T	W	N	A	Y	S	C	I	A	F	R	V	Q	J	J	N	V
R	P	Y	S	D	M	U	R	Y	R	G	O	E	O	V	L	B	E	P
T	O	A	R	I	D	B	W	V	A	E	R	G	Y	N	V	S	Y	M
L	G	N	G	M	Y	U	A	B	F	L	I	S	P	D	F	A	X	Z
E	P	J	Q	U	V	P	E	F	I	R	F	R	H	S	K	G	A	O
T	K	C	N	Z	B	O	N	E	I	E	H	Z	T	T	U	C	W	K
M	O	J	F	A	X	U	R	I	B	C	Z	M	H	Y	P	M	T	D
V	Z	Y	X	S	N	E	L	U	R	K	B	P	B	Y	D	Y	D	B
C	V	V	T	G	R	O	P	D	Z	O	R	G	P	D	O	U	D	Y
A	Y	W	X	S	S	X	A	M	I	T	S	P	I	E	L	E	R	O
T	N	S	G	V	R	D	N	R	E	U	A	M	U	M	O	I	L	Q

UEBUNG
VERLIERER
MITSPIELER
SPIELANSAGE
RUM
KARTE
PASSEN
EROEFFNUNG
AUFGABE
MAUERN

Lösung

H	T	T	U	H	I	R	R	S	B	E	A	V	A	K	L	P	K	G
K	H	J	P	E	Z	R	N	Z	N	A	R	K	Q	V	O	G	E	Z
A	Y	X	K	Q	V	Z	F	Q	U	G	U	U	R	G	Q	T	M	P
B	S	D	X	A	V	G	R	S	J	N	E	Z	U	B	H	V	Z	G
B	X	A	M	Z	R	N	M	S	P	B	I	G	J	M	R	E	H	X
A	F	U	M	K	L	T	Z	Z	U	G	R	L	E	B	D	K	W	S
J	Q	K	K	T	X	P	E	N	H	I	A	A	N	N	R	F	H	I
U	T	K	V	M	V	D	G	D	Z	S	F	S	E	V	S	S	K	S
Y	G	A	V	O	V	G	B	X	P	D	E	S	W	D	K	T	M	A
F	Y	R	X	Z	F	H	G	I	P	Y	S	E	G	H	P	E	Z	N
Y	K	L	V	Z	T	U	E	N	R	A	L	A	T	N	Q	P	Q	Z
A	J	R	Y	A	D	L	Y	R	P	L	A	I	A	J	U	S	Z	Z
E	F	T	Q	W	A	C	Q	I	W	S	P	U	E	K	W	X	C	C
D	P	T	W	N	A	Y	S	C	I	A	F	R	V	Q	J	J	N	V
R	P	Y	S	D	M	U	R	Y	R	G	O	E	O	V	L	B	E	P
T	O	A	R	I	D	B	W	V	A	E	R	G	Y	N	V	S	Y	M
L	G	N	G	M	Y	U	A	B	F	L	I	S	P	D	F	A	X	Z
E	P	J	Q	U	V	P	E	F	I	R	F	R	H	S	K	G	A	O
T	K	C	N	Z	B	O	N	E	I	E	H	Z	T	T	U	C	W	K
M	O	J	F	A	X	U	R	I	B	C	Z	M	H	Y	P	M	T	D
V	Z	Y	X	S	N	E	L	U	R	K	B	P	B	Y	D	Y	D	B
C	V	V	T	G	R	O	P	D	Z	O	R	G	P	D	O	U	D	Y
A	Y	W	X	S	S	X	A	M	I	T	S	P	I	E	L	E	R	O
T	N	S	G	V	R	D	N	R	E	U	A	M	U	M	O	I	L	Q